Im Jahre 1521 wurde von Martin Luther auf der Wartburg in Eisenach die Bibel komplett in die frühneuhochdeutsche Sprache übersetzt.

493 Jahre später, im Jahre 2014, wurde von Herbert Bonewitz auf der Krimm in Gonsenheim die Bibel teilweise in die Sprache unserer Zeit übertragen.

Es ist jedoch nicht davon auszugehen, dass dadurch – wie damals – umfassende Reformen innerhalb der katholischen Kirche ausgelöst würden.

Impressum
Texte:
Herbert Bonewitz
Titelfoto:
Werner Feldmann
Titelgestaltung:
Agentur Bonewitz / Atelier Wilinski
Lektorat:
Dr. Judith König
Herausgeber:
Michael Bonewitz
Satz und Layout:
Verlag & Agentur Bonewitz
Druck und Herstellung:
gzm – Grafisches Zentrum Mainz Bödige GmbH
Verlag und Vertrieb:
Verlag & Agentur Bonewitz
Obergasse 14, 55294 Bodenheim
Tel: 06135-931 661 – E-Mail: michael@bonewitz.de
ISBN 978-3-9816416-1-5
Copyright © 2014 Herbert Bonewitz
Nachdruck nur mit Genehmigung des Autors

Zum Geleit

Lieber Herbert Bonewitz,

es ist mir ein Vergnügen und eine Ehre einem „freiberuf-
lichen" Christen für seine eigene Ausdrucksform zu danken,
biblische Texte zur Sprache zu bringen!

Der Humor ist eine menschliche Eigenschaft, die uns hilft,
dem „Wahnsinn des ganz normalen Alltags" immer wieder
auch gegenüberzutreten.

Sie selbst, lieber Herbert Bonewitz, geben seit vielen Jahren
Zeugnis dafür.

Ich bin überzeugt, dass Gott selbst, nicht nur die Quelle des
Humors, sondern in sich eine besondere Dichte des Humors
darstellen muss, sonst wäre unser Planet Erde längst in einer
kosmischen Mülltonne gelandet. Wer Mensch und Welt beob-
achtet, braucht Humor – oder wird verrückt.

Im Pfingstbericht der Apostelgeschichte berichtet uns die
Bibel, wie der Heilige Geist die Apostel befähigte, so zu reden,
dass Zuhörer unterschiedlicher Sprache sie verstanden.

Eine besondere Form der Sprache ist der Dialekt als „hei-
matlicher Farbklang" – humorvoll gefüllt, gar eine emotionale
Wellenlänge der Verständigung.

Mögen sich viele Leser angesprochen fühlen, mögen sie, mit einem Schmunzeln, Bezüge zum eigenen Leben entdecken, oder gar den Impuls verspüren, das „dicke, alte Buch" wieder einmal selbst in die Hand zu nehmen.

Danke !
Mit freundlichem Gruß – einer vom „Bodenpersonal"

Pfarrer Michael Baunacke

Anmerkung:
Michael Baunacke, Jahrgang 1958, aufgewachsen in Winnweiler (Donnersberg), studierte Theologie und Philosophie in Mainz und Würzburg. Seit 1985 ist er Priester des Bistum Mainz, war Pfarrer in der Jugendseelsorge und zwölf Jahre Gemeindeseelsorger. Seit über 10 Jahren ist er Cityseelsorger in der Mainzer Innenstadt und Rektor der St. Christophs- und der St. Antoniuskapelle. Sein Schwerpunkt ist unter anderem „Kunst und Spiritualität".

Die Cityseelsorge liegt in der Adolf-Kolping Straße 6 in unmittelbarer Nähe zur Römerpassage und versteht sich als Kirche unter den Menschen. In der „Cityseelsorge Mainz" ist jeder herzlich willkommen – ohne Vorbedingung und unabhängig von Lebensanschauung oder Religionszugehörigkeit. In den seelsorgerischen Gesprächen geht es um Lebens- und Glaubenserfahrungen, um Sorgen oder Nöte. Die „Cityseelsorge Mainz" bietet kirchliche, kulturelle und soziale Informationen aus der katholischen Kirche sowie von den sozialen Einrichtungen der Stadt Mainz. Die Cityseelsorge kann Menschen in Not keine finanzielle Unterstützung gewähren, wohl aber zuhören, beraten und vermitteln.

Das hat grad noch gefehlt

Es begab sich einst nach einem gemütlichen Abendessen mit der Familie. Mein Sohn Michael und ich hatten gerade einige leckere Verdauungsschnäpse genüsslich geschlürft, als er mich fragte: „Sag mal, Babba, könntest du dir vorstellen, für unser nächstes Buch die Bibel ins Määnzerische zu übersetzen?" Unsere Tochter Ulrike meinte lakonisch: „Eine echte Schnapsidee!"

Meine Frau Barbara rief erschrocken: „Um Himmelswillen! Welch eine Entwicklung: in der Jugend Fastnacht, später Kabarett und jetzt im Alter die Bibel. Das hat grad noch gefehlt. Aber wie sagt schon der Volksmund: Im Alter werden selbst die Huren fromm." – „Na, na, na!", habe ich da protestiert, „so alt bin ich schließlich doch noch nit."

Schon ab dem nächsten Tag beschäftigte mich dieses Projekt mehr und mehr. Schließlich hatte ich schon mehrmals biblische Themen humorvoll-satirisch in meinen früheren Kabarettprogrammen präsentiert – teils im Dialekt, teils in Hochdeutsch. Und das nicht nur im Mainzer „unterhaus" und auf anderen Kleinkunstbühnen unseres Landes, sondern auch in Pfarrgemeinden und manchmal sogar in Kirchen. Dabei gab es kein einziges Mal Kritik oder Protest wegen der kabarettistischen Behandlung biblischer Themen. Im Gegenteil: Einige Pfarrer baten mich sogar um die Texte, vielleicht hofften sie durch deren Verlesung auf der Kanzel mehr Menschen in ihre Kirchen locken zu können.

Angeregt dazu hatte mich der beliebte Mainzer Pfarrer Rudolf Kroll von der Liebfrauenkirche, der in den 1980er Jahren sporadisch biblische Themen in Reimform und im Määnzer Dialekt in seine Predigten eingebaut hatte. Allerdings wollte ich mich bei meinem Projekt nicht nur aufs „Määnzerische" beschränken, sondern auch generell die für unsere Ohren etwas antiquiert klingenden Bibeltexte „zeitgemäß" übersetzen, das heißt: in die Sprachformen unserer Zeit übertragen und dabei aktuelle, gesellschaftskritische Bezüge aufzeigen.

Natürlich weiß ich auch, dass man mit kabarettistischen Mitteln nicht viel bewirken kann in unserer säkularisierten Gesellschaft, aber ich habe mir schon immer gesagt: „Lieber ein Prediger ohne Macht in der Wüste, als ein wüster Prediger der Macht."

Die Bibel und Karl May

Schon in meiner Jugendzeit bin ich ein leidenschaftlicher Leser gewesen, eine Kreuzung aus Bücherwurm und Leseratte: ein „Bücher-Leser-Ratten-Wurm." Begeistert hatten mich in erster Linie die Abenteuerromane von Karl May.

Gleich danach jedoch kam schon die Bibel. Sie ist voll spannender Geschichten: brutale Kriege, grausame Kämpfe, schreckliche Naturkatastrophen, aber auch Betrug und Ehebruch, Mord und Totschlag – heute heißt das „Sex and Crime".

Dennoch gibt es auch zu Herzen gehende, faszinierende Schilderungen menschlicher Schicksale, voller Wunder, Weisheiten und Lebenshilfen. Allerdings stößt der oft gnadenlos und grausam handelnde Gott des Alten Testaments bei mir auf großes Unverständnis. Umso mehr gefällt mir der liebevolle, vergebende Gott, wie er im Neuen Testament geschildert wird. Statt „Aug um Aug, Zahn um Zahn" heißt dort das Motto „Liebe deinen Nächsten" – und vergiss dabei dich selbst nicht.

Zwar bin ich weder katholisch noch evangelisch, aber ein Christ – freiberuflich. Daher habe ich auch großen Respekt vor den Texten der Bibel. Ausgewählt habe ich daraus für meine Zwecke nur die bekanntesten Geschichten, die sich auch für eine humorvoll-satirische Übersetzung in moderne Sprachformen eignen – wobei stellenweise auch unser schöner Määnzer Dialekt nicht fehlen darf.

Ob Jesus auch mal gelacht hat?

Ja, warum denn nicht? – Er ist als Mensch geboren und unter Menschen aufgewachsen. Da kommt es naturgemäß auch sicher oft zu Szenen, bei denen auch mal herzhaft gelacht wird. Ich kann mir nicht vorstellen, dass Jesus zum Beispiel bei der Hochzeit von Kana die ganze Zeit nur mit ernster Miene unter den fröhlich Feiernden gesessen hätte. Unbestätigten Gerüchten zufolge soll Jesus zumindest einmal sogar herzlich gelacht haben: als Petrus versucht hatte, ebenfalls übers Wasser zu laufen.

In Mainz gibt es sogar ein steinernes Zeugnis für einen heiteren Jesus: das ist der lachende Christusknabe auf dem Arm der „Fuststraßen-Madonna".

Biblische Geschichten auch mal mit Humor zu schildern ist meines Erachtens keine Blasphemie. Ein Pfarrer hat mal zu mir gesagt: „Merk Dir eins, mein Sohn: Der Mensch denkt, Gott lenkt. – Der Mensch dachte, Gott lachte."

Schließlich bedeutet das Wort „Evangelium", das aus dem Griechischen kommt, übersetzt „Frohe Botschaft". Aber das scheinen einige dieser verklemmten und hartherzigen Kirchenfürsten total vergessen zu haben. Außerdem kam die Idee zu diesem Buch – wie anfangs geschildert – für mich „aus heiterem Himmel".

Na also!

Besonders positiv bestärkt wurde ich durch eine Ausstellung im Dommuseum, die der Museumsdirektor Dr. Winfried Wilhelmy dem Thema „Lachen" gewidmet hatte. Dabei gab es sicher keine Probleme mit seinem Chef, denn Karl Kardinal Lehmann, der Bischof von Mainz (bekanntlich die „Stadt der Lebensfreude"), ist Träger des Ordens „Wider den tierischen Ernst". Und gerade er ist bekannt für seine weltoffene Einstellung und für sein herzhaftes Lachen.

In diesem Sinne wünsche ich Ihnen gute Unterhaltung mit meinen biblischen Satiren – ohne schlechtes Gewissen.

Herbert Donewitz

Am Anfang war das Wort

Der größte Bestseller aller Zeiten ist zweifellos die Bibel. Nicht ohne Grund gilt sie als „sehr empfehlenswert". Vermutlich sogar laut „Stiftung Warentest" – mit dem Prädikat: „Äußerst wertvoll, und ohne schädliche Nebenwirkungen." Außerdem ist die Bibel auch noch so eine Art „Betriebsverfassungsgesetz" für die Kirchen. Zumindest sollte sie es sein.

Dort kann jeder nachlesen, wie das alles so weit kommen konnte mit dem „Menschen-Geschlecht". Im großen Ganzen aber bedauerlicherweise mehr „ge-schlecht" als „ge-recht". Die Schöpfung war anfangs sicher mal etwas sehr Gutes gewesen. Allerdings nur solange, bis die Affen ihr Gehirn entdeckten und danach völlig außer Kontrolle gerieten.

Dieses Ereignis nannte man später ganz stolz: „Die Anfänge der Menschheit". Allerdings ist das kein großes Kompliment für die Menschheit. Wenn man mal bedenkt, was die „früheren Affen" mittlerweile mit ihrer Umwelt und vor allem mit ihresgleichen alles angestellt haben.

Und wo hat alles begonnen? – Nein, nicht im Paradies, sondern in der Bibel im Johannes-Evangelium auf Seite eins, Kapitel eins, Vers eins – da steht es, groß und deutlich: „Am Anfang war das Wort". Aber was bedeutet das? Wer könnte uns Laien das am besten erklären? Natürlich nur ein Fachmann, ein professioneller Prediger.

Einer der bekanntesten lebte im 17. Jahrhundert und nannte sich Abraham a Santa Clara. Friedrich von Schiller nahm ihn sich zum Vorbild in seinem Drama „Wallensteins Lager" und zwar mit der berühmten „Kapuzinerpredigt". So etwas Ähnliches würde aktualisiert auch durchaus in unsere Zeit passen.

Eine aktuelle Kapuzinerpredigt

Man hört Orgelklänge: die „Toccata und Fuge" in d-moll von Johann Sebastian Bach. Pater Kapuzinius besteigt die Kanzel und hebt an zu singen:
Wie stand schon in der Bibel dort?
„Am Anfang, ja, da war das Wort".
Dann kam der Mensch und nahm es fort,
begann zu reden, zeugte örtlich
mehr Worte noch als Menschen, wörtlich.
Billionen wurden es, oh weh,
und so entstand der „Wörter-See".
Über die Menschheit jedoch brach herein eine große „Wort-Sinn-Flut", in der wir heute noch herumschwimmen. Das eindeutigste Indiz für den Zustand einer Gesellschaft ist der Zustand ihrer Sprache. Deutlich erkennbar in der Werbung:
„Fleckofix nur leicht verreiben –
Stoff verschwindet – Flecken bleiben."
„Trippstrill macht den Sittich so
hüpfgesund und flatterfroh."
„Dreimal Klinodent am Tag
löst die Zähne, samt Belag."
Oh, ihr hirnrissigen Dampfplauderer! – Wer heute Erfolg haben will, dessen Rede ist nicht „Ja, ja!" oder „Nein, nein!", wie es in der Bibel empfohlen wird, sondern pflegeleicht, weichgespült, geschmacksneutral, ohrenfreundlich und möglichst „babbel-blubber-blasenfüllig".

11

Aber auch auf vielen anderen Gebieten könnt Ihr sehr stolz sein auf die „Unkaputtmachbarkeit" der deutschen Sprache:

„Also, sprach einst Zarathustra:

Was redet Ihr bloß für ein Stuss da?"

Ein Affe unterscheidet sich vom Menschen hauptsächlich dadurch, dass er nicht sprechen kann. Könnte er sagen: „Ich bin ein Affe" – so wäre er zweifellos schon ein Mensch.

Tja, manche Leute sprechen da aus Erfahrung, andere dagegen aus Erfahrung nicht mehr – leider. Die schweigende Mehrheit jedoch, so paradox es auch klingt, die spricht, nach wie vor, unentwegt und am liebsten nur über sich selbst.

Und jeder spricht auf seine Weise:

der eine laut – der andre leise.

Schaut genau auf ihren Mund,

denn sie tun's uns allen kund,

und das ist grad das Fatale:

Völker, hört das Banale,

so ertönt auf jeden Fall es:

Fortschritt, Wachstum, über alles!

Dabei ist doch alles überaus gerecht verteilt auf dieser Welt: Einerseits fehlt den Armen das Brot, andererseits dagegen den Reichen der Appetit.

Oh, ihr aufgeblasenen Hochmütigen! – Kluge Wissenschaftler fragen schon lange: „Gibt es eigentlich intelligentes Leben … auf der Erde?" Die Zivilisation spricht dafür, ihr Zustand aber dagegen.

Aber wen interessiert das alles schon. Wenn man sich nur mal die ganzen Umweltprobleme vor Augen hält und wie der Mensch darauf reagiert, dann kommt er mir vor wie einer, der in einer dunklen einsamen Straße überfallen wird und ausruft: „Oh, vielen Dank, aber momentan bin ich an einem Raubüberfall nicht interessiert. Vielleicht versuchen Sie's mal bei einem anderen?"

Oh, ihr hohlköpfigen Plappermäuler! – Nach dem Studium der Sprache konstatieren wir die Lage, dass der Mensch im Grund genommen, letztlich „auf den Mund gekommen".

Deshalb: Alle Macht den Sprachlosen. Denn die reden wenigstens keinen Unsinn mehr.

Von der Orgel hört man wieder die Melodie von Bach. Weihrauchschwaden verhüllen den Pater Kapuzinius und steigen empor bis zur Decke. Plötzlich ertönt von oben aus den Wolken eine dröhnende Stimme.

„Am Anfang, ja, das war mein Wort. Dann kam der Mensch und nahm es fort. Und was machten die Menschen dann daraus? Sie sagen, fragen, klagen, quaken, unentwegt, bis zum Jüngsten Tag, wenn endlich Schluss ist, alles aus und vorbei. Erst dann werde ich aufatmend feststellen: Welch ruhiger Planet ist das da. So bleib es, wenn's geht, bis in Ewigkeit. Basta!"

Mündliche Überlieferungen

Die Erzählungen der Bibel hat man ursprünglich von Generation zu Generation in den Familien mündlich weitergegeben. Heutzutage wird das wahrscheinlich nur noch äußerst selten vorkommen. Es sei denn, es handelt sich um eine äußerst fromme Familie, wo die Kinder schon früh über die christliche Botschaft aufgeklärt werden sollen. Sicherheitshalber, bevor sie im Alltag über ganz andere Dinge aufgeklärt werden, die für die Sprösslinge bestimmt weitaus interessanter sind.

Problematisch wird es nur dann, wenn anstelle der „aushäusigen" frommen Eltern der Großvater abends den lieben Kleinen „Gute-Nacht-Geschichten" vorlesen soll. Aber natürlich nichts Banales oder gar was Heiteres, sondern nur etwas „Erbauliches" aus der Bibel. Natürlich in zeitgemäßer Sprache ... und möglichst kindgerecht.

Wie alles emal angefange hat

Also, jetzt horscht emal zu. Bevor ihr ins Bett geht, will ich Euch noch eine schöne Geschichte verzähle und zwar aus der Bibel. – Wie? – Nein, Kevin, des is absolut nix Langweiliges, was da passiert. Ganz im Gegenteil, des is alles sogar unheimlich spannend. – Was is? – Nein, Chantal, du brauchst gar kää

Angst zu habbe. Da komme garantiert kää Monster drin vor, und wenn, dann höchstens nur ganz wenige.

Gleich am Anfang, da wird's schon dramatisch. Dort wird berichtet, wie de liebe Gott unser Welt erschaffe hat. – Was? – Wie lang des gedauert hat? Keine Ahnung, abber in de Bibel steht, es wärn bloß sieben Tage gewese.

Wie? – Ja, ich weiß, des klingt e bisje arich knapp. Vor allem wenn mer bedenkt, wie lang heitzutag Handwerker brauche, bloß um e Klo zu repariern. Abber des is ja auch bloß symbolisch gemeint. Des bedeut: es warn sieben große Zeiträume, denn de liebe Gott hat ja noch kään Kalender gehabt.

Auf jeden Fall war am Anfang überhaupt nix da, noch nit emal garnix. Es war alles total leer unn stockdunkel. Nirgendwo e Licht. Doch plötzlich gab's en grelle Blitz, zack! Und was glaubt ihr, war da passiert? – Ja, so kann mer's auch sage: De liebe Gott hat's Licht angeknipst.

Woher der Strom kam? – Was wääß ich, vielleicht hat er en große Akku debei gehabt. Jedenfalls war's jetzt überall taghell, deshalb nannte er das „Tag". – Wie? – Ei, „Nacht" hat er's genennt, wenn's nachts dunkel worrn is.

Tja, und damit endete der erste Tag. – Was wär des? – Nix Dolles? Dann wart's doch erst emal ab. Am nächste Tag hat de liebe Gott erst mal für Ordnung gesorgt. Da mer damals noch nit wisse konnt, wo obbe unn unne is, hat er alles schee sortiert. – Wie? – Ei, logisch: unne kam de Boddem hie unn obbe drübber de Himmel. Umgekehrt wär ja auch ausgesproche bleed gewese, weil: dann tät ja alles uff em Kopp stehe.

Am folgende Tag hat er dann des ganze Chaos uff de Erd beseitigt. – Wie? – Ei, genau wie Euer Mudder, wenn se den Dorschenanner in euerm Kinnerzimmer uffräume muss.

So hat's de liebe Gott auch gemacht. Nur viel schwieriger war des, denn er musst ja erst emal des ganze Wasser vom truckene Land trenne. So ähnlich wie neulich euern Vadder, als er

15

geglaubt hat, er könnt die Wasserleitung im Keller selber repariern. E schee Sauerei is des worrn.

Nit so beim liebe Gott. Da hat's geklappt. Unn weil des truckene Land e bisje arich trucke ausgesehe hat, da hat er überall grünes Gras gepflanzt, dezwische bunte Blümmelcher, drum erum Gebüsch und blühende Bäum voll mit Malete unn Quetsche.

Wie? – Nein, natürlich gab's noch niemand, der das esse konnt, abber die Schöpfung is ja auch noch nit fertig. Unn die wird heut auch sicher nit mehr fertig, wenn ihr mir alsfort dezwische babbelt.

Am vierte Tag hat de liebe Gott alles Mögliche an de Himmel gehängt: die Sonn fer tagsüber ... unn fer nachts übberall Sterncher. Unn direkt übber de Erd kam de Mond hin. Und der dreht sich alsfort um die Erde. Dadebei nimmt er immer erst emal zu, solang bis er voll is, unn danach nimmt er widder ab, unn wieder zu unn ab unn zu. – Wie wer? – Wie euern Babba? So isses, der mit seine ständige nutzlose Diäte.

Damit's auch endlich was Lebendiges gab, hat sich de liebe Gott sehr viel einfalle lasse. Im Meer hat er Riesemenge von Fische aller Art ausgesetzt: – Nää, kää Fischstäbcher! – Hering, Sardelle unn Rollmöps.

Und obbe in de Luft hat er Tausende von bunte Vögel fliege lasse. Und auf em Land alles was laufe, krabbele, krieche odder hippe konnt. – Ja, natürlich auch Euer Hamster. Abber was de Opa am meiste gefreut hat: scheene fette Wutzjer ... fer saftige Schinke unn dicke Werscht.

Abber auch ganz winzig kleine Tiercher warn debei, zum Beispiel Wanze, Läus un Flöh. – Wie? – Nix iiih, Chantalsche! Das sind auch sehr nützliche Tiere, zumindest als Nahrung fer annere, zum Beispiel fer die Affe. Unn grad die müsse em liebe Gott am beste gefalle habbe, denn danach hat er was ganz Ähnliches geschaffe, sozusage die „Krönung". – Nää, kään Kaffee!

Was könnt's denn sonst noch gewese soi? Na, was Lebendiges? – Näää, nit euern Dackel. Was sinn denn euer Eltern? – Ja gut,

Mamma un Babba. Abber mit annern Worte: es sinn Mensche, ja, sogar alle beide.

Und so wurden vom liebe Gott die Mensche erschaffe. Unn er hat dene gleich auch en ganz wichtige Auftrag gegebe: „Seid fruchtbar und mehret euch!"

Was? – Wie mer so was macht? – Äääh … jaaa … da fragt ihr am beste mal die Oma. Ich kann mich da nit mehr so genau dran erinnern.

Mittlerweile war der siebte Tag angebroche, also der letzte Tag von de Woche, un was hat der liebe Gott da gemacht? – Na? – Richtig! – Feierabend! Da hat er sich noch emal alles angeguckt … was er so geschafft hatte, und er stellte fest: Die ganze Schöpfung war nicht nur vollbracht, sondern auch prachtvoll. Doch jetzt war auch der Schöpfer selbst total erschöpft … und er musste sich ausruhen.

Zum Andenke daran erklärte er den siebte Tag zum Sonntag. – Wie? –Was er da gemacht hat? – Woher soll ich des wisse? Lang geschlafe wird er habbe, denn in die Kerch braucht er ja nit zu gehe, die gab's ja noch nit. – Nein, auch nit zum Frühschoppe. Unn fernsehe erst recht nit, denn er wollt ja soi Ruh habbe.

Jedenfalls nannten die Christen seitdem den Sonntag auch den „Tag des Herrn". – Was määnste, Chantalsche? – Wenn Gott eine Frau gewese wär? Um Himmelswille, wie kimmste denn uff so was? Mal de Deibel nit an die Wand! Dann wär ja jeder Sonntag ein „Tag der Frau"? Oh jee! Dann müsst sich ja de Vatikan auch umbenenne – in „Mami-kan".

So, jetz is abber Schluss, bevor ihr noch uff mehr so revolutionäre Idee kommt. Auch de Opa is erschöpft … von eure ständige Fragerei. Beim nächste Mal erzähl ich euch eine noch spannendere Geschichte und zwar über das Paradies.

Alla dann, jetzt wird endlich ins Bett gemacht! – Gute Nacht!

Was war vor der Schöpfung?

Bevor ich mit meinen biblischen Satiren fortfahre, gestatten Sie mir bitte erst mal eine Zwischenfrage: Wissen Sie, was war, bevor unsere Welt entstand? – Nein? – Dann sind Sie in sehr guter Gesellschaft. Das weiß nämlich niemand. Zumindest bis jetzt noch nicht. Das ist so ähnlich, als ob man Sie fragen würde: Wissen Sie noch, was Sie vor Ihrer Geburt getan haben? – Wie? – Neun Monate gewartet? – Aha, so ähnlich muss es bei mir ebenfalls gewesen sein.

Für die Physiker ist die Frage, was vor der Schöpfung war, sinnlos. Denn nach deren mehrheitlich vertretener Auffassung entstand erst mit dem so genannten Urknall sowohl der Raum, als auch die Zeit. Vorher gab es also weder ein WO, noch ein WANN. (Dazu fällt einem heute nur die Deutsche Bahn ein.)

Gewiss, es ist schwer vorstellbar: Keine Zeit? – So was kennt man höchstens von Rentnern. Und kein Raum? – Das wäre dann ein großes Nichts. Also so was Ähnliches wie ein Loch, aber ein riesengroßes. Und zwar so groß, dass es gar keine Ränder mehr hätte, so wie normale Löcher. Sozusagen das absolute Loch. Ein aufgeblasenes Nichts. Da fallen mir auf Anhieb etliche Beispiele ein.

Kurt Tucholsky hat mal behauptet: „Ein Loch ist da, wo etwas nicht ist." Aber was bedeutet das? Laut Tucholsky hat unser Wissen hier ein solches.

Nur eins kann man wohl als sicher annehmen: Es muss damals sehr dunkel gewesen sein. Sogar stockdunkel. Noch dunkler als in einem unbeleuchteten Kohlenkeller. Genau so muss man sich das wahrscheinlich auch vorstellen. Allerdings ohne Kohlen und ohne Keller.

Dieser ominöse Urknall soll nach neuesten Berechnungen stattgefunden haben vor 13,82 Milliarden Jahren – mit ein paar Monaten mehr oder weniger. Eine unvorstellbar hohe Zahl. Für uns Laien natürlich nur. Politiker rechnen bekanntlich mit weitaus höheren Zahlen. In Euro gerechnet ist zum Beispiel die Verschuldung unseres Staats sogar rund dreimal so hoch. Wem soll denn da noch das Alter unserer Welt imponieren?

Übrigens finde ich die Bezeichnung „Urknall" etwas irreführend. Wie kann es denn knallen, wo gar keine Luft da ist, um den Schall weiterzuleiten? Mal ganz abgesehen davon, dass nach allgemeinem Erkenntnisstand noch kein Wesen mit Ohren damals dabei gewesen wäre, das den Knall hätte hören können.

Und obwohl sicherlich auch keins mit Augen da war, um etwas sehen zu können, würde ich doch den Ausdruck „Urblitz" bevorzugen. Das klingt erstens eleganter und beschreibt wohl auch viel anschaulicher den von den Physikern beschriebenen spontanen Energieausbruch. Rätselhaft bleibt jedoch nach wie vor, wer das ausgelöst hat. Kann so etwas von selbst passieren? Aus dem Nichts heraus? – Meine Oma hat immer gesagt: „Von nix kimmt nix!" Und ich glaube ihr. Es muss eine Ursache für den Beginn der Schöpfung geben. Warum nicht Gott?

Im 4. Jahrhundert wurde Augustinus, der berühmteste Kirchenlehrer der Christenheit, häufig gefragt: „Was tat Gott, bevor er Himmel und Erde schuf?" Darauf pflegte er zu antworten: „Er machte die Hölle für diejenigen, die solche Fragen stellen." Da unsere Wissenschaftler Fragen über das, was vor der Schöpfung geschah, ebenfalls als unsinnig ansehen, hätten sie laut Augustinus die besten Chancen in den Himmel zu kommen.

So, aber was können wir nun anfangen mit all diesen Erkenntnissen? Vermutlich genau das, was vor der Schöpfung war: NICHTS!

Wurden die Menschen zweimal erschaffen?

Meine Frau hatte in ihrer Schulzeit im Religionsunterricht mal ein Erlebnis gehabt, das hat sie bis heute nicht vergessen. Der Pfarrer erzählte dort den Kindern: Kain, also der Sohn von Adam und Eva, sei nach dem Mord an seinem Bruder Abel in ein fernes Land gegangen und habe sich dort eine Frau genommen. Da fragte meine Frau: „Wie ist das denn möglich, da doch Adam und Eva die ersten Menschen waren?" Darauf gab ihr „Hochwürden" eine damals bei Pädagogen durchaus übliche Antwort: eine kräftige Ohrfeige. Offenbar hat er's selbst nicht so genau gewusst.

Im Schöpfungsbericht heißt es im Kapitel eins: „ ... am sechsten Tag schuf Gott die Menschen." Aber später dann im Kapitel zwei, als es um das Paradies ging, da erschuf er dort nochmal den Menschen. Wieso denn das? – War er nicht zufrieden mit der „Erstausgabe"? Oder war das zweite Mal so eine Art „Sonderanfertigung de lüxe"? – Ich weiß es nicht.

Doch um solche theologischen Details muss sich der Laie nicht kümmern. Daher kann der Opa beim nächsten Betreuungsabend für seine Enkelkinder unbesorgt weiter aus der Bibel vorlesen.

Warum's kää Paradies mehr gibt

So, liebe Kinder, neulich hat euch de Opa von de Schöpfung erzählt. Heut sollt ihr erfahrn, wie's danach weitergegange is. Was denkt denn ihr, was de liebe Gott gemacht hat, nachdem er fertig war? – Ja, Kevin, was hat er? – Alles in seim Computer gespeichert? Aha, unn warum? – Damit kääner die Schöpfung mehr lösche kann.

Freilich, so täte's die Mensche mache. Abber Gott brauch gar kään Computer, denn er is allmächtig, allgegenwärtig unn allwissend. – Richtig, Chantal, genau wie's Internet – bloß viel, viel größerer.

Abber de liebe Gott hat jetzt was ganz anneres geschaffe, was ganz was besonders Schönes: etwas Großartiges, Zauberhaftes, Fantastisches. – Wie? – Nein, Kevin, kein Disney-Park. – Das Paradies hat er geschaffe. – Warum? – Ei, woher soll ich das denn wisse? Wahrscheinlich braucht er en Alterswohnsitz.

Dadefür hat er als geeignetste Platz die attraktivste Gegend ausgewählt, die wo's damals gab. Des war – so weit ich mich noch erinnern kann – en Platz im so genannten „fruchtbaren Halbmond", uff de arabische Halbinsel zwischen den Flüssen Euphrat und Tigris. Dort war's immer schee warm, die Pflanze konnte üppig gedeihe unn die Sonn hat alsfort geschiene. – Ja, Chantal, des war so e Art „Mallorca spezial" – aber glücklicherweise ohne Touriste.

Es war eine überaus friedliche Gegend. Es wimmelte von zahme Viecher, vor dene mer gar kää Angst zu habbe braucht. Direkt neber de Löwe konnte die Lämmer grase, ohne dass dene irgendwas passiert wär. – Was is? – Was die Löwe dann gefresse habbe? – Ääh, ich nemm emal an, damals warn die all noch Vegetarier.

Als de liebe Gott diese paradiesische Zuständ sah, die viele Pflanze unn die Viecher, was hat er da gesagt? – Wie? – Nä, ganz bestimmt nit „total cool". Er hat gesagt: en Mensch muss her, denn der hat hier grad noch gefehlt. Also schuf er zunächst emal en Mann. – Was is, Chantal? – Warum kää Fraa? – Sicher wollt er erst emal ausprobiern, ob was Brauchbares dadebei erauskommt.

Und da er den Mann aus eme große Klumpe Lehm gemacht hat, nannte er ihn … wie? – Nein, Kevin, nit „Lehmann". Er nannte ihn Adam, des kimmt aus em Hebräische un bedeutet „Erdling".

Und der fand des Paradies auch garnit schlecht, abber er hat gemäänt, auf Dauer wär's doch e bisje arich eintönig unn langweilig. Da hat de liebe Gott gesagt: „Na gut, dem Manne kann geholfen werden." Dann hat er dem Adam im Schlaf eine Rippe rausgenomme und daraus eine Frau geschaffen. Und die nannte er … nein, Chantal, nit „Rippche". Er nannte sie Eva, un das bedeutet die „Belebte". – Ja, da haste völlig Recht, Kevin. Seitdem war's mit dem Mann seiner Ruh endgültig vorbei.

Dann hat de liebe Gott den beiden eindringlich erklärt, dass se im Paradies alles mache dürfte, was se wollte. Es gäb genug zu esse unn zu trinke. Um Kleider müsste se sich auch nit kümmern, weil se kää brauchte. Schaffe müsste se auch nix, des tät alles die Natur von selber regele. So gut habbe's heut nur noch die Steuerflüchtlinge uff de Bahamas.

Nur ein strenges Verbot hat de liebe Gott ausgesproche: Mitte im Garte stand en große Äppelbaum, und dessen Früchte wärn reserviert fer ihn persönlich. – Wie? – Nein, Kevin, ich glaub kaum, dass er daraus Äppelwoi mache wollt.

Also hieß es für Adam und Eva: Finger weg vun de Äppel! – Weil: Wer die esse tät, fer den tät's böse enden, denn das seien „Früchte der Erkenntnis" unn die wärn sehr schädlich. Mer tät dann nämlich sofort alles wisse, was mer wisse wollt.

Wie? – Ja, Chantal, des muss so was Ähnliches gewese soi wie de Google.

E Zeit lang ging's auch gut, bis eines Tags de Deibel persönlich sich an die Eva erangemacht hat und zwar in Gestalt einer Schlange: boshaft und gemein, hinterlistig und heimtückisch. – Was is, Kevin? – So wie die Tante Paula? – Schäm dich was! – So was sagt mer nit. – Wer? – Ja ... de Babba derf des, weil: der kennt se ja auch schon länger.

Abber jetzt seid doch endlich emal ruhig – wenn ihr mit mir babbelt.

Dann hot de Deibel zu de Eva gesagt, sie sollt ruhig von dene Äppel esse, denn danach täte ihne die Auge aufgehe, unn sie wärn wie Gott: allwissend. Unn weil Fraue immer gern alles wisse wolle, da hat se en Appel gepflückt unn enoigebisse.

Aber vorher hat se den Adam beschwätzt, er sollt auch in den Appel beiße. Unn batsch – schon war das Unglück passiert, und ihne ginge tatsächlich die Auge auf. Unn was habbe se da zuerst gesehe? – Nein, nit den Äppelkrutze. Dass se nackisch warn. Ja, im Gegensatz zu heut, da muss des damals noch en schwere Schock gewese soi.

Als Erstes hat die Eva gejammert: Oh jeee ... sie hätt nix zum Anziehe. – Wie? – Ja, Chantal, das behaupt euer Mudder heut immer noch. Die sollt sich mal e Beispiel nemme an de Eva: die hot sich mit eme große Feigeblatt begnüge müsse. Abber bei Eurer Mudder tät des heut ja garnit mehr genüge.

Plötzlich hörten sie die Stimme vom liebe Gott ... und der rief drohend: „Wer hot moi Äppel geklaut?" – Na, wer wohl? Es warn ja kää annere da. Unn da mussten sie gestehen, dass sie sein Verbot nicht befolgt hatten. Unn von wege: jetzt allwissend, ha! – Natürlich hat de Deibel geloge, denn sie warn noch genau so einfältig wie vorher.

Das Urteil war sehr hart: Zur Strafe sollte der Adam in Zukunft lebenslänglich schwer schufte – im Schweiße seiner Füße. Und die Eva sollt ihr Leben lang Staub wische unn im Haus all die mühsame Arbeite verrichte ... vor dene sich die

Männer immer so gern drücke. Dann ließ Gott en Engel komme, so e Art Hausmeister vom Paradies, und der sprach ihnen die fristlose Kündigung aus. Dann hat er die zwei sofort aus em Paradies enausgeschmisse. Und das war wohl die erste „Zwangsräumung" in der Menschheitsgeschichte.

Ja, und damit war's vorbei mit dem schöne Lebe. Seit der Zeit gibt's auch kein Paradies mehr. Und wenn euch das jemand versprechen sollte, das „Paradies auf Erden", dann glaubt ihm auf kein Fall – egal von welcher Partei der is.

Na, unn was habt ihr gelernt aus dieser Geschichte? – Wie? – Dass mer kää Äppel mehr esse soll? – Ich glaab, Ihr spinnt.

Alla, gute Nacht – und träumt recht schön … von mir aus auch vom Paradies. Hauptsach, ich hab endlich moi Ruh.

Von der Selbstkrönung zur Selbstzerstörung

In der ihm eigenen Bescheidenheit und angeborenen Demut hatte sich der Mensch einstmals bezeichnet als „Krone der Schöpfung" und hat sich dieselbe auch gleich selbst aufgesetzt. Diese anspruchsvolle Bezeichnung geht weit zurück, um etwa 2.400 Jahre, auf den griechischen Philosophen Aristoteles. Die Lebewesen, die ihm am kompliziertesten erschienen, wurden von ihm als die am höchsten stehenden Lebensformen eingestuft und somit der Mensch als „Krönung" der Schöpfung an die oberste Stelle des Systems gesetzt.

Im Alten Testament wurde dem ersten Buch Mose zufolge zunächst das Gestein, dann die Pflanzen, die Tiere und schließlich als Höhepunkt der Schöpfung der Mensch erschaffen. Gleich einem gekrönten Haupt sollte er sich die Erde untertan machen und herrschen über die belebte und unbelebte Natur.

Wenn man sich die Geschichte der Menschheit anschaut, dann wurde dieser „Auftrag" auch mit aller Konsequenz erfüllt, mit allen Anzeichen grenzenlosen Größenwahns. Das hatte die übelsten Folgen für die Natur und damit letzten Endes auch für den Menschen selbst: Verseuchung von Flüssen und Meeren, Abholzung ganzer Waldregionen, Verschmutzung der Luft, Massentierhaltung, Ausrottung von Tierarten, Gen-Manipulationen – die Liste ist lang.

Selbst vor der eigenen Art macht der Mensch nicht halt: Vernichtung von Existenzen durch Betrug und Abzockerei, Gewalttätigkeiten gegen andere mit Prügel, Mord und Totschlag, gipfelnd in der Ausrottung ganzer Völker durch Kriege mit „Kollateralschäden" und so genannten „ethnischen Säuberungen" – zu allem Überfluss oft auch noch im Namen der jeweiligen Religion.

Muss man da nicht zweifeln an der ursprünglichen Schöpfungsgeschichte, dass der Mensch geschaffen wurde nur aus dem an sich harmlosen Lehm der Erde? Da müsste doch noch so viel Anderes im Menschen enthalten sein.

Vielleicht lief die Schöpfung gar nicht so ab, wie's in der Bibel steht. Am Anfang zwar schon, aber danach – bei der legendären „Mensch-werdung" – könnte da nicht alles ganz anders vonstatten gegangen sein?

Die Krone der Schöpfung

Fünf Tage hat er sich viel Arbeit gemacht,
    dann hatte der Herrgott die Schöpfung vollbracht:
den Himmel, die Erde, das Land und die Meere,
    die Berge, die Täler, die Fülle und Leere.
Die Blumen, die Bäume, das Obst und den Rasen,
    die Fische, die Vögel, den Fuchs und den Hasen,
die Bienen, die Bären, die Katzen und Mäuse,
    den Frosch und den Hamster, die Flöhe und Läuse.
Die Tiere befahl dann der Schöpfer herbei:
    zum Apfelbaum, links, auf die Wiese, um drei.
Gehorsam sie kamen all pünktlich gezogen:
    gehüpft und gesprungen, gewatschelt, geflogen.
„Ich brauche euch alle als Vorbild fürs Leben",
    sprach Gott, „denn ich möchte zum Höhepunkt eben
aus all euren Genen nach tierischen Normen
    den Menschen als ‚Krone der Schöpfung' draus formen."

Na ja, schön und gut, aber was kam am Ende dabei heraus? Ein höchst seltsames Wesen!

Teils Tiger, teils Esel – halb Ferkel, halb Pfau,
teils Geier, teils Ratte – halb Affe, halb Sau,
teils Hai, teils Kamel – halb Wolf und halb Schaf,
teils harmlos, teils grausam – halb wild und halb brav.
Der Herr blickte lange sein Werk prüfend an:
ob daraus ein wirklicher „Mensch" werden kann?
Ein Meisterwerk? – Sicher! – Doch schaut man sich um:
Die „Krone der Schöpfung"? – Ha! – Ein Pan-Optikum!
Doch wird es je besser?
Zu befürchten ist: nie!
Der Mensch müsste sich ändern.
Doch keiner weiß wie!

Vielleicht sollte jeder erst mal bei sich selbst beginnen? Das wäre doch zumindest schon mal ein guter Anfang – oder?

Es sollte längst bewusst uns werden:
Wir Menschen sind nur Gast auf Eden.
Wir Menschen
sind nur
Gast auf Erden.

Holofernes

Schon in de Bibel konnt mer lese,
wer „Holofernes" war gewese:
ein Feldherr, grausam unn gemein,
von dem wird noch die Rede sein.

In meiner Schulzeit war es Brauch,
wenn's Streit gab, hat gedroht mer auch,
(die Lehrer hörten gar nicht gern es):
„Ich hau dir uff doin Holofernes!"

Doch kann in Määnz mer ohne Frage
zu eme „Kopp" auch annerst sage:
Es gibt mehr Wörter als mer glaubt,
zum Beispiel: Kleeskopp (=Knödelhaupt).

Quadratschädel, Birn, Knorze, Daddel
Deetz, Wersching, Tabbernaggel, Waddel,
Berzel unn Dickworz man hier kennt
aach Schwelles wird sehr gern genennt.

En echte Määnzer is nit kleinlich,
en große Kopp is ihm nit peinlich,
die Haupsach, dass do drin was los is
unn soi Gehirn genau so groß is.

Der „Bibel-Holofernes" hat
belagert mit soim Heer e Stadt
im Bergland von Judäas Norden,
dort wollt er plündern, rauben, morden.

Vor Angst sah mer die Städter bebe,
sie wollte zitternd sich ergebe.
Da kam e Dame – reich unn schee –,
die Judith hieß, uff e Idee.

Am Abend, als kää Sonn mehr da,
schritt sie zur Tat, die mutig Fraa.
Nachdem sie aus de Stadt entwiche,
kam sie ganz heimlich angeschliche.

Zum Heerlager schritt sie fürbass
voll Woi – nit sie – in eme Fass.
Passiern ließ sie dann gern der Poste,
nachdem er durft' vom Woi auch koste.

In eme Zelt lag uff soim Bett
de Holofernes, dick unn fett,
unn schrie lauthals nach Zeitvertreiber:
nach Alkohol unn stramme Weiber.

Da trat die Judith zu dem Fiesling
und bot sich an, mitsamt ihr'm Riesling.
Voll Lust er beides sich betracht,
erhofft sich eine wilde Nacht.

Sie goss ihm ein, unn nit zu knapp
füllt sie ihn ganz allmählich ab,
bis er besoffe einschlief – klar,
zu nix mehr zu gebrauche war.

Mit seinem Schwert, während er pennt,
hat sie sein Kopp vom Rumpf getrennt.
Dann isse unbemerkt enteilt,
unn ließ zurück ihn – zweigeteilt.

Als mer die Tat entdeckt voll Graue,
sinn all vor Schreck schnell abgehaue.
Weil „kopf-los" jetzt kään Feind mehr da,
ward Judith nun zum Super-Star.

Von ihrem Volke hochverehrt
als „Frau" – des is bemerkenswert!
So wurd' sie, weil sie ging uffs Ganze,
die erste „biblische Emanze".

Der „abbene Kopp" – geklaut im Zelt –
wurd' auf dem Marktplatz ausgestellt.
Man jubelte unn sagte gern es:
statt „Kopp" seitdem nur „Holofernes".

Tja, was beweist das einwandfrei?
Unn des is kää Angeberei,
dass unser Määnzerisch gewiss
so alt schon wie die Bibel is.

Wie lange dauert die Ewigkeit?

Wissen Sie, was für mich einer der rätselhaftesten Begriffe in der Bibel ist? Das ist die „Ewigkeit". Was bedeutet das? Das kann man sich gar nicht vorstellen. Eine „Ewigkeit" – wie lange dauert so was? Was meinen Sie? Ewig? Aha! Sind Sie sich da wirklich ganz sicher?

Im Alltag verwenden wir den Begriff ohne Probleme. Zum Beispiel in einem vollen Wartezimmer, da sagen wir oft: „Des dauert ja heit widder eine Ewigkeit." Wir kennen sogar verschiedene Größen von Ewigkeit. Beispielsweise bis man im Supermarkt an der Kasse drankommt, das dauert oft eine „halbe" Ewigkeit. Dagegen kann's eine „ganze" Ewigkeit dauern, wenn die Kasse nicht besetzt ist.

Woody Allen hat mal gesagt: „Die Ewigkeit dauert sehr lange, besonders am Ende." Das klingt plausibel. Allerdings, um das nachzuprüfen, dazu werden die wenigsten von uns in der Lage sein. Es sei denn, man wäre unsterblich. Davon haben schon viele Menschen geträumt. Vor allem die Reichen und Herrschenden: Kaiser und Könige, Filmsuperstars und Spitzenfußballer, Mafiosi und Banker (obwohl, da ist meist kein großer Unterschied). Aber die „Unsterblichkeit" hat auch ihre Nachteile. Stellen Sie sich nur mal vor, wie oft man da zum Zahnarzt müsste.

In der Philosophie begreift man die Ewigkeit als „unendliche Zeit". Das sei etwas, was weder einen Anfang noch ein Ende hat. Aber wie soll man sich das vorstellen? Am besten wie ein riesengroßes Rad, dessen Umfang begehbar ist. Wenn man dort morgens losläuft, dann ist man am Abend wieder prompt da, wo man hergekommen ist. Das hat allerdings nichts zu tun mit der schwer begreifbaren Raum-Zeit-Krümmung im Sinne von Einstein. Denn genau so geht es Tag für Tag Millionen von Berufstätigen.

Der große Philosoph Ludwig Wittgenstein meinte: „Wenn man unter Ewigkeit nicht unendliche Zeitdauer versteht, sondern ‚Un-zeitlichkeit', dann lebt der ewig, der nur in der Gegenwart lebt." Und das könnte nur Gott sein und nicht der Mensch, denn der kann nur in der Zeit leben. Aber lassen Sie sich nicht verwirren. Auch die Ewigkeit besteht letztendlich nur aus kleinen Augenblicken.

Kirchenvertreter haben ja ganz andere Zeitbegriffe als normale Menschen. Zum Beispiel im Fall Galileo Galilei. Der hatte schon Mitte des 17. Jahrhunderts festgestellt, dass sich die Erde um die Sonne bewegt. Aber das galt damals als „üble Ketzerei", denn davon stehe nichts in der Bibel. Im Gegenteil: die Erde sei stets als das Zentrum der Welt angesehen worden. Dabei heißt es im Alten Testament: „ … und die Sonne stand still" (Josua 10,13). Gerade das würde ja die These des Galilei stützen, dass sich die Erde um die „stillstehende" Sonne dreht. Dennoch wurde er von der römischen Kurie 1633 zum Widerruf verurteilt.

Erst 1992 – auch noch nach einer 13-jährigen Prüfung hat der Vatikan zugegeben: Der Mann hat allem Anschein nach offensichtlich doch Recht gehabt. Zwar eine etwas späte Einsicht, aber immerhin doch schon nach 380 Jahren. Für kirchliche Verhältnisse gilt das fast schon als überstürzt.

Über himmlische Zeitbegriffe gibt's eine originelle Geschichte: Es war einmal in jener Zeit, als die Menschen noch mit Gott persönlich sprechen konnten. Da fragte ein schlaues Bäuerlein: „Lieber Gott, was sind für dich tausend Jahre?" Er antwortete: „Eine Sekunde!" – „So, so! Und was sind für dich tausend Taler?" – „Nicht mehr als ein Pfennig!" antwortete er. – „Aha!", sagte das schlaue Bäuerlein, „dann schenk mir doch bitte einen Pfennig!" – „Aber gerne! Warte eine Sekunde!"

Es ist immer gut, wenn der Autor am Schluss einer solch anspruchsvollen philosophischen Betrachtung ein dazu passendes Zitat unseres berühmten Dichterfürsten anführen kann. Deshalb hier Auszüge aus einem Gedicht von Goethe in seinem „West-östlichen Diwan".

„Ob der Koran von Ewigkeit sei? Danach frag ich nicht!
Dass aber der Wein von Ewigkeit sei, daran zweifl' ich nicht.
Oder dass er vor den Engeln geschaffen sei,
ist vielleicht auch kein Gedicht.
Der Trinkende, wie es auch immer sei,
blickt Gott frischer ins Angesicht."

Ja, und deshalb werde ich mir jetzt ein Glas Wein einschenken und auf Ihr Wohl trinken. In diesem Sinne: Prost!

Modern Churching

Die Kirchen beklagen ja schon seit längerer Zeit mangelndes Interesse bei ihren Gläubigen: Immer mehr treten aus, ohne zu müssen. Die Gotteshäuser werden immer leerer. Vor allem die Jugend wird dort oft vergeblich … vermisst.

Da dürften sich modern eingestellte Vertreter dieser Zunft nicht scheuen, dem Zeitgeist zu folgen, so genannte „Zeit-Geistliche", und die jüngere Generation „anmachen" in deren Sprache und mit deren Musik. Zum Beispiel mit einer Veranstaltung im Jugendzentrum, unter dem Motto: „High-Lights with Modern Churching".

Dort sollte der Pfarrer auftreten mit den Worten: „Liebe junge Gemeinde, fürchtet euch nicht! Ich bin's bloß! – Eine Predigt werde ich euch nicht halten, denn ich habe euch etwas zu sagen." Und dann müsste er unbekümmert loslegen.

Hello people, boys and girls, brothers and sisters, ey! Es wäre echt total out, hier bei diesem Event, in meiner Rolle als „Himmelsfuzzy" euch nur mit klerikalen Sprüchen vollzulabern … oh no!

Ihr hört jetzt einen ganz ober-coolen Song, was ganz Mega-geiles, einen echten Hit aus einem Bestseller der World-Wide-Charts. Es ist eine gesungene Geschichte – a Sing-Song-Story – aus der Bibel im Rock-Rhythmus. Und zwar singe ich euch einen total krassen Rap-Rock, natürlich in unsrer Mundart – in our mouth-art. Alla dann, spitzt die Ohrn unn putzt die Nos!

Ihr hört alleweil aus em erste Buch vum alte Moses – aus de Scheneesis – Kapitel elf, Vers eins bis neun, was die abgefahrene Dollbohrer vun Babel für en Dorchenannder unn Ufferaasch mit ihrm Turm angestellt habbe. Der Keyborder an de Orschel wird mich begleite. One, two, three – go!

Der Turmbau von Babel

Jetzt horscht emal zu, seid nit übberzwerch,
halt emal eier Mailer, denn it's Showtime in the Kersch.
Faltet eier Fieß und paßt all gut uff,
denn heit is de Parrer widder supertiersch druff.

Bei so ner Musikk fliehn die Fenster raus,
unn die Orschel hot en Sound, wie uff Deibel komm eraus.
Reißt euch am Rieme, und halt emol de Schnabbel,
ihr hört jetzt die Story vom Turmbau von Babbel.

   Hallelujah – hoch die Glock!
   Power in die Kersch bringt der Babel-Rap-Rock.
   Yeah, oh, yeah! – Oh, wie schee!
   Da druff hat die ganze Gemeinde Bock.

Es war einmal, vor sehr langer Zeit,
da hatten eine einzge Sprache überall die Leit,
die gleiche Ausdrück habbe allesamt geschnabbelt,
vermutlich habbe alle Mensche määnzerisch gebabbelt.

Also sprachen Sie: Viel zu eng is unser Feld,
mir suche so was wie e neue Heimat in de Welt.
Ein Bauherrnmodell, des war schnell bei de Hand,
hier baue mer en Turm, hier is Bauerwartungsland.

   Hallelujah – hoch die Glock!
   Power in die Kersch bringt der Babel-Rap-Rock.
   Yeah, oh, yeah! – Oh, wie schee!
   Da druff hat die ganze Gemeinde Bock.

Der Turm von Babel, der wuchs in die Höh,
und mer konnt allmählich schun die Spitze nit mehr seh.
Die Menschheit sah dieses Wachstum gern,
sie nannten es den Fortschritt,
doch es warn bloß Ferz im Hern.

Also, sprach der Herr: Ihr Kleeskepp werd schon sehe,
weil in Zukunft da soll keiner mehr den annere verstehe.
Und ab sofort herrschte nur noch doll Gebabbel,
und damit war's vorbei mit dem Turmbau von Babbel.

    Hallelujah – hoch die Glock!
    Power in die Kersch bringt der Babel-Rap-Rock.
    Yeah, oh, yeah! – Oh, wie schee!
    Da druff hat die ganze Gemeinde Bock.

Das Gebäude steht noch heut im Land,
in New-York unn werd die UNO dort genannt.
Und die sturen Köppe da, die Fanatiker all dort,
verstehe vonenanner auch bis heute noch kein Wort.

Oh, lieber Gott, komm sei so gut,
und mach uns allen wieder Mut,
denn das wär das größte Glück:
du gäbst den Menschen endlich wieder
ihren Verstand zurück.

    Hallelujah!
    Jetzt bist du dra!
    Bis dahin, Damen und Herrn,
    warte mir gern.

Sensationelle Entdeckung

In einer Höhle in den Bergen am Toten Meer wurden neulich einige antike Tonkrüge gefunden. Darin befanden sich Rollen aus Papyrus mit Aufzeichnungen, die von Altertumsforschern datiert wurden ungefähr auf die Jahre 1200 bis 1100 vor Christus. Das war die Zeit, als die Israeliten nach ihrem Auszug aus Ägypten im „Gelobten Land" eintrafen, das Moses von Gott verhießen worden war.

Nach Meinung der Wissenschaftler eine sensationelle Entdeckung, die ein israelischer Antiquitätenhändler gemacht haben soll, als er zufällig in der Gegend dort spazieren ging und über einen vergrabenen Tonkrug stolperte. Es handelt sich dabei nach ersten Erkenntnissen anscheinend um die Tagebuchnotizen eines Teilnehmers am legendären biblischen „Exodus". Wie aus dem Text hervorgeht, gehörte der Autor zum Stamme Levi, aus dem später die Priester der Israeliten und ihre Helfer, die Leviten, hervorgingen.

Allerdings scheint es auch Stammesmitglieder gegeben zu haben, die für diese frommen Dienste weniger gut geeignet waren. Die mussten dann ein Musikinstrument lernen, um die liturgischen Handlungen wenigstens musikalisch zu untermalen. Sie sollten aber auch, offenbar auf Anordnung des klugen Moses, bei den Auswanderern während des abendlichen Rastens oder bei Feiern für gute Stimmung sorgen.

Die Aufzeichnungen erfolgten in althebräischer Sprache, die heute nur noch wenige verstehen. Daher wurden sie in die heutige Umgangssprache übertragen. Einige Fragmente daraus werden erstmals hier in diesem Buch veröffentlicht.

Die Reise nach Jerusalem

Sitze hier im Schatten einer Palme im Garten des Hauses unserer Enkelkinder in Jerusalem. Schreibe soeben die letzten Sätze meiner Aufzeichnungen seit wir aus Ägypten geflohen sind. Vor der Verfolgung durch den wortbrüchigen Pharao Ramses. Nach Jahrzehnten erst haben wir endlich unser Ziel erreicht. Nach vielen Mühen und Strapazen. Es war eine sehr lange Reise voller wunderlicher Ereignisse und merkwürdiger Erlebnisse.

Sehr viel früher schon hätten wird hier sein können. Auf dem direkten Weg von Ägypten Richtung Nordosten. Die Mittelmeerküste entlang bis nach Kanaan in Palästina. Aber unser Anführer Moses fürchtete dort ägyptische Verfolger.

Daher ließ er uns weit nach Südosten ausweichen. Danach am Sinai-Gebirge rechts abbiegen. Dann nach Norden auf sehr vielen Umwegen. Das war mehr als zehnmal so lang als der direkte Weg. Doch der Reihe nach will ich berichten.

Das Fest des Dankes

Geschafft! Noch völlig außer Atem. Soeben unter den Letzten ans andere Ufer vom Roten Meer gelangt. Hinter uns die ägyptische Armee. Plötzlich hat sich die zunächst trockene Furt wieder mit Wasser gefüllt. Die hereinbrechende Flut hat das Heer des Pharao hinweg geschwemmt. Die meisten Ägypter konnten nicht schwimmen und ertranken. Wir sind gerettet. Vorläufig.

Am Abend Lager aufgeschlagen. Plötzlich großer Lärm. Trommeln und lautes Geschrei. Wir erschrecken. Greift Ramses mit neuen Truppen an? Alle laufen durcheinander. Esel flüchten. Kamele brechen aus. Panik überall. Aaron gibt Entwarnung. Es ist nur seine Schwester Mirjam. Sie trommelt und singt lauthals ein Danklied. Aus Freude über unsere Rettung durch Gottes Hand.

Aaron bittet uns Spielleute um Hilfe. Mit sanfter Gewalt verdrängen wir die schrille Sängerin. Übernehmen mit unseren Instrumenten die musikalische Danksagung. Mit Flöten und Pfeifen. Mit Trommeln und Rasseln. Mit Hörnern und Posaunen. Alle Männer und Frauen singen fröhlich mit. Tanzen die ganze Nacht durch. Zur Erinnerung soll das jedes Jahr geschehen. Unser Passah-Fest.

Auf der Flucht

Unter Leitung von Moses und seinem Bruder Aaron schnelle Flucht nach Süden. Mit Sack und Pack. Mit Karren und Wagen. Mit Kamelen, Ochsen und Esel. Vor lauter Angst so schnell wie möglich. Tagelang und wochenlang. Sind alle sehr gespannt, wo es eigentlich hingehen soll. Wo liegt das so genannte „Gelobte Land", das Gott angeblich dem Moses versprochen hatte?

Mein Name ist Herbal-ben-Josef. Zu meiner Sippe gehört meine Frau Barbah. Unsere beiden Kinder sollten Adam und Eva heißen. Aber das verbot Moses. So änderten wir ihre Namen in Adamo und Evalina. Zwei Esel ziehen unseren Karren. Wir nennen sie Isis und Osiris. Ein Kamel trägt unsere Wasserschläuche und Säcke mit getrockneten Früchten. Wir geben ihm den Namen Ramses. Dagegen hat Moses nichts einzuwenden.

Zu unserer Sippe gehört noch mein Onkel Jakob, genannt Jockele. Ein übler Schnorrer und schlimmer Schmock. Ist ständig am Meckern. Redet dauernd Stuss. Ein alter Schwarzseher. Hält sich selbst aber für einen Weissager. Prophezeit uns große Schwierigkeiten für die Dauer unserer Flucht. Dazu braucht man kein großer Prophet zu sein.

Außerdem gehört noch mein Neffe David zu uns. Passt auf unsere Tiere auf. Ein Meister mit seiner Steinschleuder. Damit vertreibt er alle Räuber. Zweibeinige und vierbeinige. Eine große Zukunft sagt Jockele ihm voraus. Eines Tages würde ein

Nachkomme Davids mit seiner Steinschleuder vielleicht sogar mal einen Riesen töten. Und später eventuell sogar mal König der Israeliten werden. So meschugge kann nur unser Jockele sein.

Hunger und Durst

Ziehen zunächst am Ostufer des Roten Meeres entlang nach Süden. Haben dadurch keine Probleme mit Nahrungssuche. Genug Fische können dort jederzeit gefangen werden. Wochenlang gibt es nur „gefillte Fisch". In Scheiben oder als Klößchen. Gebacken oder gekocht. Nach Sandstürmen meist paniert.

Aber dann ändert Moses den Weg. Verlässt das Gebiet am Meer. Fürchtet die Verfolgung durch ägyptische Schiffe. Schickt uns in die Wüste. Dort jedoch gibt es leider keine Fische mehr. Vorräte gehen bald zur Neige. Hunger plagt das Volk. Täglich wird es schlimmer. Wer einen Gürtel hat, muss ihn enger schnallen. Es gibt kaum noch was zu essen und wenig zu trinken.

Protest wird laut. Das Volk murrt. Jockele ist natürlich Wortführer. Fragt, ob wir nur zum Sterben hierher gekommen seien. An den Fleischtöpfen Ägyptens wären wir immer satt geworden. Aber Moses beruhigt. Gott habe uns vor den Ägyptern gerettet. Er werde uns jetzt nicht vor Hunger und Durst umkommen lassen.

Am nächsten Morgen sind Bäume und Sträucher bedeckt mit glitzerndem Tau. Doch das ungeduldige Volk jammert weiter. Damit könne man nichts anfangen. Aber der Tau trocknet bald. Es entstehen weiße Körner, die man essen kann. Schmecken wie Brot mit Honig. Moses nennt es Manna. Das heißt Himmelsbrot. Meine Frau Barbah hat eine Idee. Man kann es im Mörser zu Mehl zerstampfen. Danach mit Wasser vermengen und Matze daraus backen.

Selbst die Vögel sind begeistert vom Manna. Vor allem die Wachteln fressen sich die Bäuche voll. Werden dadurch fett und

träge. Fallen uns direkt vor die Füße. Brauchen sie nur aufzu-
sammeln und zu braten. Nur Jockele hat wieder was zu meckern. Zu viel Arbeit. Davon hält er ohnehin nichts. Arbeit sei
aller Laster Anfang. Und versaue einem den ganzen Tag. Warum
denn die Wachteln nicht gleich gebraten von Himmel fielen.
Ein unverbesserlicher Krakeeler.

Aber wir haben immer noch Durst. Um den zu stillen, hat
Moses einen Vorschlag von Gott erhalten. Er solle mit seinem
Stock an eine Felsspalte in der Nähe schlagen. In der Tat spru-
delt danach ein Wasserstrahl heraus. Alles jubelt. Welch ein
Wunder. Aber Jockele meint, das sei doch kein Wunder. Dahin-
ter wäre bereits eine Quelle gewesen. Nur die Öffnung verstopft
mit Moos und Schlamm. Mit seinen Schlägen habe Moses nur
den Dreck abgeklopft.

Einheimische gegen Ausländer

Von Zeit zu Zeit treffen wir auf andere Menschen am Ran-
de unseres Weges. Darunter auch kriegerische Stämme. Hauptsächlich Araber. Mit denen werden wir immer wieder Zoff haben. Prophezeit Jockele. Obwohl wir mit Abraham denselben
Stammvater haben. Allerdings stammen unsere Vorfahren von
seiner Ehefrau Sara ab. Sind also ehelich. Die Araber aber sind
Nachkommen ihrer Magd Hagar. Also unehelich. Das nehmen
die uns ewig übel.

Jetzt fühlen sie sich von uns auch noch bedroht. Für sie sind
wir nicht nur Fremde, sondern auch noch Ausländer. Also ver-
sammeln sie sich eines Tages, um uns zu vertreiben. Gegenüber
von unserem Lager marschiert ihr Heer auf. Es sind mehr als
zehnmal soviel wie wir. Moses ruft alle wehrfähigen Männer zu
den Waffen. Unser Anführer wird ein erfahrener Krieger namens Josua.

Der entwickelt einen klugen Schlachtplan. Verteilt seine
Kämpfer rechts und links an den Flanken der Gegner. Die

Hauptmacht konzentriert er im Zentrum. An der Spitze David mit seiner Steinschleuder. Vorneweg jedoch schickt er unsere Spielleute. Die machen Riesenspektakel mit Posaunen und Hörnern, Trommeln und Rasseln. Auch Isis und Osiris brüllen wie verrückt. Selbst Ramses blökt lauthals los. Ein nervenzerfetzender Höllenlärm.

Durch dem infernalischen Krach kriegen unsere Feinde einen großen Bammel. Geraten entsetzt in Panik. Wollen in alle Himmelsrichtungen flüchten. Klappt aber nicht. Rechts und links stehen unsere Kämpfer. Die Flucht geht als nur noch nach hinten los. Die Schlacht ist zu Ende.

Große Freude bei unserem Volk. Ziehen weiter durchs Land, ohne jedoch belästigt zu werden. Vermutlich sind die Araber jetzt gewarnt. Es muss sich herumgesprochen haben. Die Israeliten sind ein ganz gefährlicher Gegner. In erster Linie wegen ihrer schrecklichen Musik.

Zoff ums goldene Kalb

Wir erreichen das Sinai-Gebirge. Dort lagern wir am Fuße des Berges Horeb. Moses sagt, er müsse auf den Gipfel hinauf. Dort wolle Gott einen Bund mit ihm schließen. Das Volk aber müsse unten bleiben. Nur Josua darf ihn ein Stück des Wegs begleiten. Vierzig Tage und Nächte vergehen.

Das Volk langweilt sich während der Abwesenheit von Moses. Vielleicht kommt er nie mehr wieder. Befürchtet nicht nur Jockele. Daher wolle man lieber einen eigenen Gott. Den man auch sehen kann. Aaron wird genötigt, einen großen goldenen Stier herstellen zu lassen. Dafür sollten alle Juden ihren ganzen Goldschmuck hergeben. Aber dazu sind sie zu knickerig. Daher reicht es nur für ein kleines goldenes Kalb. Ich hatte sogar nur einen Frosch erwartet.

Man baut einen Altar und stellt das Kalb darauf. Dann gibt es ein großes Gelage. Wir Spielleute müssen musizieren.

Dazu tanzen Männer und Frauen um das blöde Kalb herum. Die sind doch total beschickert.

Plötzlich erscheint Moses. Unter dem Arm zwei steinerne Tafeln. Darauf stehen zehn Gebote. Die hat ihm Gott gegeben. Als er den Schlamassel mit dem Götzenbild sieht, macht er Riesenzoff. Schmeißt die Tafeln auf den Boden. Sie zerbrechen. Das Gold lässt er einschmelzen. Will es sicher aufbewahren. Für schlechte Zeiten. Dann beschimpft er seinen Bruder Aaron und das Volk. Aber er gibt ihnen noch eine letzte Chance. Und steigt erneut auf den Berg. Um sich von Gott neue Gesetzestafeln geben zu lassen.

Als er damit wieder zurückkommt, hat er noch einen Haufen Vorschriften für die Juden dabei. Was sie alles nicht dürfen. Und was sie alles tun sollen. Hört sich sehr kompliziert an. Lässt eine so genannte „Bundeslade" bauen. Für die Steintafeln und alle Unterlagen des Bundes mit Gott. Ab jetzt dürften wir uns das „auserwählte Volk" nennen. Na ja. Das werden alle anderen Völker sicher nicht so gerne hören. Fraglich, ob das auf Dauer gut gehen wird. Meint nicht nur Jockele.

Durch die Wüste

Inzwischen kennen wir endlich das Ziel unserer Reise. Mirjam hat das Geheimnis von Aaron erfahren. Hat es ihrer Tante erzählt. Die wieder ihrer Tochter. Und die ihrer Base. Die ihrer Freundin. Und die hat es meiner Frau Barbah mitgeteilt. Bald weiß es das ganze Lager. Es geht nach Kanaan in Palästina. Die größte Stadt heißt Jerusalem. Dort soll später mal ein Tempel gebaut werden. Für unsere Bundeslade.

Fragen uns nur, warum Moses mit uns ausgerechnet durch menschenleere Wüsten zieht. Und belebte Gegenden meidet. Jockele meint, wahrscheinlich würde er sich schämen. Sich mit der ganzen Mischpoke in Städten zu zeigen.

Die Strapazen der langen Reise fordern auch Opfer. Alte, Schwache und Kranke bleiben auf der Strecke. Erhalten ihre letzte Ruhe im Wüstensand. Dass wir immer weniger werden, merken auch die Kinder. Daher haben Adamo und Evalina ein Spiel erfunden. Dabei tanzen Kinder unter Trommelklang im Kreis um mehrere Schemel herum. Wenn die Trommel aufhört, müssen sich alle schnell einen Sitz suchen. Da nach jeder Runde ein Schemel entfernt wird, muss immer ein Kind ausscheiden. Bis am Schluss nur noch eines übrig bleibt. Sie nennen es sinnigerweise die „Reise nach Jerusalem".

Bevor die letzte Etappe beginnt, lässt Moses noch mal für längere Zeit rasten. Er schickt Kundschafter voraus. Die sollen sich Land und Leute genau ansehen. Bevor wir in das uns von Gott verheißene Land einziehen. In einer großen Oase lassen wir es uns gut gehen. In der Nähe befindet sich ein kleiner Berg. Dort nisten viele Vögel. Vor allem Lerchen. Drum nennen wir ihn „Lerchen-Berg". Dort oben sitzen abends viele Familien. Sie essen und trinken. Wobei sie stundenlang in die Ferne sehen. Jockele sagt dieser Art von Freizeitgestaltung eine große Zukunft voraus.

Nach Rückkehr der Kundschafter gibt es gute und schlechte Nachrichten. Diesseits des Grenzflusses Jordan liege eine trostlose, menschenleere Gegend. Alles wie ausgestorben. Sogar das dortige Meer sei tot. Nach Überschreiten des Jordans jedoch beginne Kanaan. Ein wahres Paradies. Blühende Landschaften. Alles gebe es im Überfluss. Wie prophezeit ein Land, wo Milch und Honig fließen.

Leider leben dort und in der Umgebung mächtige Völkerstämme. Die seien sehr kriegerisch und müssten erst einmal überwunden werden. Die Kanaaniter, Phönizier, Philister, Moabiter und Ammoniter. Das sei fast unmöglich. Aber wir sind voll Zuversicht. Denn die Israeliten haben ja noch eine ihrer schrecklichsten Waffen: unsere gefürchteten Musikanten.

Die letzte Etappe

Zu unserem Leidwesen schafft es der hoch betagte Moses nicht mehr bis nach Kanaan. Er kann es nur noch von weitem sehen. Die Führung der Israeliten übergibt er an Josua. Dann wird er von Gott abberufen. Danach gibt Josua den Befehl zum Aufbruch. Die Israeliten formieren sich und marschieren in Kanaan ein. Ungeachtet der Gefahren durch die vielen feindlich gesinnten Völker. Jockele prophezeit wieder mal Schlimmes. Für sehr lange Zeiten würden die Juden in Palästina durch Feinde bedroht bleiben. Von allen Seiten.

Die Mauern der strategisch wichtigen Stadt Jericho fallen. Durch Einsatz unserer Posaunen und Trommeln. Nach und nach besiegen wir viele feindliche Stämme. Erobern ihr Land und ihre Städte. Ganz am Ende ziehen wir auch noch in Jerusalem ein. Endlich am Ziel. Jockele prophezeit: Hier werde ein Nachkomme unseres Davids König von Israel werden. Und einen gewaltigen Tempel bauen. Für die Bundeslade. Ich habe es ja schon immer gesagt: Er ist total meschugge.

Zeitgemäße Aktualisierung

Die Zehn Gebote, wie wir sie aus der Bibel kennen, werden in unserer Zeit meist als „überzeitliches Kulturerbe und Grundlage autonomer Ethik" aufgefasst. Es sind inzwischen – auch bei Nichtchristen – allgemein einsehbare Vernunftregeln. Außerhalb der christlichen Kirchen gelten die zehn Gebote oft als „ethisches Minimum" im sozialen Verhalten der Menschen miteinander.

Allerdings fällt einem kritischen Beobachter auf, dass diese Auffassung reichlich überholt zu sein scheint. Denn in unserer Gesellschaft herrschen inzwischen ganz andere Regeln, die in einer modernisierten Version wie folgt lauten könnten.

Die zehn Gebote

I

Du sollst stets reden von Moral,
was du dann tust, ist scheißegal.

II

Du sollst dem Geld sein untertan,
wer arm ist, ist selbst schuld daran.

III

Du sollst dich stets nach oben drehn,
wenn nötig über Leichen gehn.

IV

Du sollst den Nächsten nicht betrügen.
es sei denn, er lässt sich belügen.

V

Du sollst die Ellbogen benutzen,
um Rechte anderer zu stutzen.

VI

Du sollst ständig viel konsumiern,
und nur auf Schnäppchen spekuliern.

VII

Du sollst viel Steuern hinterziehen,
um dem Gemeinwohl zu entfliehen.

VIII

Du sollst nicht töten, das wär schlecht,
doch Waffen liefern gilt als recht.

IX

Du sollst nicht stehlen fremdes Gut,
nur wenn es keiner sehen tut.

X

Du sollst dies alles gut erfassen,
dich möglichst nie erwischen lassen.

Eine neue Sintflut droht

Vor Jahrzehnten hat man sich noch lustig gemacht über Aktivitäten zum Schutz der Umwelt, zur Erhaltung der Natur, zum Überleben der Menschheit auf diesem Planeten. Mittlerweile jedoch versuchen glücklicherweise alle Nationen diese Probleme wenn schon nicht zu lösen, dann aber wenigstens zu diskutieren. Und da folgt ein Gipfel dem nächsten. Aber das lässt doch wenigstens hoffen, dass die Menschen zur Rettung unserer Erde möglichst bald Mittel und Wege finden werden … sollten … müssten… irgendwie … irgendwann.

Sonst könnten eines Tages vielleicht die Tiere die Herrschaft über die Erde übernehmen. Stellen Sie sich bitte mal vor: Sie sitzen abends gemütlich zu Hause, denken an nix Gutes, auf einmal hören Sie eine Stimme aus dem Radio.

„Achtung, Achtung! – Ich bitte um Ihre Aufmerksamkeit für den ehrenwerten Präsidenten der U.N.A., der United Nations of Animals, der Vereinten Nationen der Tiere! Das Wort hat der weise Marabu aus Mesopotamien.

Verehrte Mitglieder der Vollversammlung! Liebe Mit-Tiere, und, äh, Tierinnen, aus aller Welt! – Zunächst möchte ich in Euer aller Namen meinen Dank abklappern – klack-klack-klack! – an die Expertenkommission, die in unserem Auftrag in jahrelanger Arbeit eine umfassende Zukunftsprognose erstellt hat für unser Überleben auf diesem Planeten – klack-

klack-klack! Das Ergebnis dieser Prognose wird Euch nun mitteilen: unser hochverehrter Generalsekretär, der dalmatinische Hirtenhund. Applaus – klack-klack-klack!

„Wau-wau! – Verehrte U.N.A.-Vollversammelte – wuff-wuff! Unsere Studie ergab eindeutig: Die Menschen sind dabei, uns allmählich sys-te-ma-tisch auszurotten, indem sie unsere Umwelt zerstören: zu Lande, zu Wasser und in der Luft – huuuh! Es ist wahrhaft er-schüt-ternd! Ich möchte Euch hier nur einige der unzähligen Klagen vortragen – wuff-wuff!

Unsere Krokodile werden von den Menschen gehäutet, und dann stellen sie daraus Handtaschen, Gürtel und Schuhe her.

Die Elefanten knallen sie ab, nur um aus ihren Stoßzähnen Klaviertasten zu machen und aus ihren Beinen Papierkörbe.

Den armen Seehund-Babys ziehen die Menschen das Fell ab, bei lebendigem Leibe, und schmücken ihre Weibchen damit.

Welch ein himmelschreiendes un-tierisches Verbrechen! Kein Wunder, dass mittlerweile nicht nur die Rinder wahnsinnig geworden sind – huuuh!

Aber, liebe Mit-Tiere, die Natur steht auf unserer Seite. Sie wird diesem schändlichen Treiben der Menschheit ein Ende bereiten. Wir haben es in den letzten Jahren erlebt: verheerende Naturkatastrophen, Orkane und Wirbelstürme, Regengüsse und Überschwemmungen – eindeutige Zeichen dafür, dass eine neu Sintflut droht, die alles Leben auf dieser Erde vernichten wird – wuff-wuff!

Um wenigstens von jeder Tierart ein Paar zu retten, lasst uns daher flugs eine große Arche bauen und zwar an historischer Stätte: auf dem Berge Ararat.

Bis dahin nur Mut, alles wird gut, hoffentlich – huuuh! – Wuff-wuff!"

Auf dem Berge Ararat

(gesungen von den vereinigten Chören der Tiere)

Pünktlich fängt die Arbeit an, jeder schafft mit Macht,
packt mit zu, wo er nur kann, emsig Tag und Nacht:
auf dem Berge Ararat – auf dem Berge Ararat.

Nach vier Wochen ist's so weit, endlich fertig, seht:
tausend Fuß lang, hundert breit, stolz die Arche steht:
auf dem Berge Ararat – auf dem Berge Ararat.

Die Entscheidung trifft das Los: Wer darf mit hinein?
Und bald ziehen Klein und Groß in die Arche ein:
Der Puter und die Putin, ein Hengst mit seiner Stutin,
zwei Kolibris sind auch dabei, ein Papa- und ein Mamagei.

Der Spatz und seine Spätzin, der Kater mit der Kätzin,
die Fliege und der Fliegerich, die Ziege mit ihrm Ziegerich.
Der Emu und E-mu-lia, das Zebu und Zebu-lia,
die Natter und ihr Natterich, die Ente mit ihrm Gatterich.

Als alle Tiere drinnen sind, erscheint das Menschen-Paar:
„Hopp, hopp! – Macht Platz! Jetzt kommen wir, geschwind,
der Schöpfung Krone, klar?"
Die Tiere rufen all geschockt: „Oho, was fällt Euch ein?"
Ihr habt uns all das eingebrockt, drum sagen wir laut: nein!
Was Ihr gemacht mit der Natur, so kann der Mensch nur hausen.
Ihr seid zwar klüger als wir, nur: diesmal, da bleibt Ihr draußen!"

Die Tür knallt zu: ssst, peng! – Ein Schild: „Tabu!"
Im Innern lacht ein Kakadu –
ho-ho-ho-hoo-ho! – Und dann is Ruh.
Auf dem Berge Ararat – auf dem Berge Ararat.
Vom Himmel leises Raunen klingt.
Der Herr die Tiere segnet,
Ein Engel „Halleluja" singt.
Dann fängt es an: Es regnet! –
Aber nur keine Panik!
Es besteht noch kein Grund zur Veranlassung.

Was ist das schon, das bisjen Gepiesel?
Deshalb: weiterhin angenehme Ruhe,
und schlaft recht schön
und auf Wiedersehn,
bis später dann
beim großen Regen.

Die Legende vom klugen Eselchen

Es war einmal, vor sehr langer Zeit – genauer gesagt in biblischen Zeiten –, da lebte in der Nähe von Jerusalem ein kleiner Esel im Kreise seiner Familie. In seiner Kindheit tollte er mit seinen Geschwistern auf der Wiese herum und spielte Nachlauf mit ihnen. Aber während diese im Lauf der Jahre immer größer wurden, hatte er aufgehört zu wachsen und keiner wusste wieso. Er wuchs auch später nicht mehr weiter, obwohl er sich die allergrößte Mühe gab.

Aber da er sein Schicksal leider nicht ändern konnte, fand er sich mit seiner Behinderung ab. Obwohl ihn alle die anderen Esel wegen seiner geringen Körpergröße hänselten und ihn verspotteten als „Eselchen". Daher beschloss er, mehr und eifriger zu lernen als sie, um wenigstens ein „kluges Eselchen" zu werden. Am meisten interessierte ihn das Studium der Bibel. So wurde er mit der Zeit ein richtiger Gelehrter, was für einen Esel doch recht ungewöhnlich ist.

Aber im Laufe der Zeit merkte er, dass er seine besten Jahre hinter sich hatte. Mittlerweile war aus dem lebhaften klugen Eselchen ein steingrauer Eselsgreis geworden, der allmählich immer müder wurde. Eines Tages, als er spürte, dass sein Ende nahte, legte er sich ins Stroh und rief all seine Verwandten zusammen. „Spitzt eure Eselsohren", sagte er, „denn bevor ich zum letzten Mal ins Gras beiße, möchte ich euch die Geschichte unserer Ahnen erzählen, damit ihr erfahrt, welch wichtige

Rollen wir Esel in der biblischen Geschichte von Zeit zu Zeit gespielt haben."

Die Erschaffung der Esel

„Unsere Geschichte begann wie die aller Lebewesen mit der Schöpfung, als der Herrgott am sechsten Tag die Tiere schuf. Anfangs gab es noch keinen Esel, nur ein Pferd. Aber dem lieben Gott kam es ein wenig zu groß und wuchtig vor. So nahm er es als Vorbild für ein neues Wesen, das er Esel nannte. Aber den machte er etwas kleiner, schlanker und färbte ihn mit majestätischem Silbergrau. Als der Esel jedoch störrisch wurde und jammerte, er wäre doch lieber etwas größer, da zog ihm Gott zumindest die Ohren lang."

Da staunten die Eselskinder, wollten aber gern wissen, wie sich die Tiere denn eigentlich vermehren konnten, wenn es jeweils nur ein Exemplar von ihnen gab.

„Das ist wie bei der Erschaffung des Menschen", fuhr das kluge Eselchen fort. „Da hatte der liebe Gott ja auch zuerst ein männliches und danach erst ein weibliches Wesen geschaffen. So war es auch bei uns: Der Esel bekam seine Eselin, und bei den Pferden bekam der Hengst seine Stute.

Es konnte natürlich auch mal – wie bei den Menschen – zu Seitensprüngen kommen. Das Ergebnis waren dann tierische Mischlinge, die wegen ihrer nicht standesgemäßen Herkunft oft zu maulen pflegten. Daher nannte man das Kind von Eselin und Pferd auch Maulesel, das von Esel und Stute Maultier."

Aber da lachten seine Zuhörer und protestieren entrüstet dagegen, er solle sich was schämen, sie mit solchen Behauptungen veralbern zu wollen.

Als Erste auf der Arche Noah

„Rechtzeitig, bevor die von Gott angedrohte Sintflut über die Menschheit hereinbrach", erzählte das kluge Eselchen weiter,

„hatte Noah den vom Herrn befohlenen Bau der Arche fertig gestellt. Sie sollte ihn und seine Familie aufnehmen, sowie von jeder Tierart ein Paar, um sie vor der Flut zu schützen.

Mit seiner Frau und seinen Söhnen stand Noah oben am Eingang, um die Tiere in Empfang zu nehmen und auf die einzelnen Abteilungen in der Arche zu verteilen. In hellen Scharen kamen sie aus allen vier Himmelsrichtungen herbeigeströmt, um sich rechtzeitig an Bord zu retten.

Und wisst ihr, wer die Ersten waren, die vor allen anderen ankamen? Natürlich die Klügsten, die sich schon beizeiten auf den Weg gemacht hatten, und das war ein Eselspaar, mit Namen Asinus und Asina – unsere Ur-Ahnen. Und weil sie die allerersten waren, die über die große Schiffstreppe vom Land auf die Arche gelangten, nannte man diesen hölzernen Aufgang seitdem Eselsbrücke."

Große Wanderungen

„Eines Tages gebot der Herrgott dem Abraham, einem wohlhabenden Besitzer großer Herden, mit seiner Sippe und allen Tieren seinen Geburtsort in Kaldäa zu verlassen und sich auf den Weg zu machen in ein fernes Land, wo er Stammvater vieler Völker werden würde.

Es war eine sehr lange Strecke bis nach Sichem in Kanaan, wo sich Abraham mit seinen Familien zunächst niederließ. Und wer hatte wohl die meisten Lasten zu schleppen auf dieser anstrengenden großen Wanderung? Außer ein paar trägen Kamelen natürlich unsere zahlreichen Vorfahren: die Eselinnen und Esel. Aber nicht einmal bedankt hatte sich der Abraham bei uns dafür.

In Eselskreisen nimmt man deshalb an, dass der liebe Gott zur Strafe eine große Hungersnot geschickt hatte. Leider haben dadurch auch viele Esel ihr Leben lassen müssen, vor allem die schwächeren Eselinnen und Eselskinder. So mussten sich Abraham und seine Sippe mit sämtlichen Tieren erneut auf Wanderschaft begeben, diesmal nach Süden bis nach Ägypten, wo es reichlich Nahrung für Mensch und Tier gab.

Die großen Strapazen und die ganze Schlepperei mussten natürlich wieder die Esel ertragen. Es waren leider nicht mehr viele da, nur die stärksten unter den Eselsmännern, die all das überlebt hatten. Als sich Abraham nach einiger Zeit wieder auf den Rückweg machte, schenkte ihm der Pharao großzügig eintausend junge Eselinnen, was von Abrahams Eseln quittiert wurde mit einem mehrfachen, lang andauernden „Iiiiiiaaaah!" – Gepriesen sei der ägyptische Eselsfreund!"

Die empfindsame Eselin

„Es gibt auch einige berühmt gewordene Esel in unserer Ahnenreihe. Aber nicht nur männliche, nein, auch weibliche Urahnen befinden sich darunter. Beispielsweise die Eselin eines Wahrsagers von üblem Ruf namens Bileam, der aus der Gegend am Euphrat stammte.

Der war von Balak, dem König der Moabiter, beauftragt worden, zu ihm zu kommen und die Israeliten, die in sein Land eingedrungenen waren, zu verfluchen und dadurch ins Verderben zu stürzen.

Also machte sich Bileam unverzüglich auf den Weg und ritt auf seiner Eselin in das Reich seines Auftraggebers. Unterwegs jedoch verstellte ihm ein Engel Gottes mit einem großen Schwert den Weg, um ihn an seinem Auftrag zu hindern. Bileam aber sah ihn nicht und wollte an ihm vorbei. Seine empfindsame Eselin dagegen bemerkte den Engel und hielt an, worauf sie Bileam mit Stockschlägen dazu zwingen wollte weiter zu gehen. Das geschah insgesamt dreimal.

Da öffnete Gott dem Bileam die Augen, der vor Schreck zu Boden sank und um Vergebung flehte. Der Herr ließ ihn daraufhin seine Reise zu den Moabitern fortsetzen. Allerdings verwandelten sich dort seine ursprünglich vorgesehenen Verfluchungen in Segenssprüche zugunsten der Israeliten, die ihre Gegner schließlich besiegten. Und das haben sie einer empfindsamen Eselin aus unserer Ahnenreihe zu verdanken."

Einzug in Jerusalem

„Eine andere Eselin ist noch viel berühmter geworden. Das war damals, als Jesus beschloss, in Jerusalem die raffgierigen Händler und üblen Geldwechslern aus dem Tempel zu jagen. Er befahl seinen Jüngern, ihm aus einem der Vororte eine Eselin und ihr Fohlen zu holen, um damit in die Stadt einzuziehen, weil er damit die Worte des Propheten erfüllen wollte, der das vorausgesagt hatte.

Als er durch die Tore Jerusalems ritt, geriet die ganze Stadt in Aufregung. Denn sein Ruf als wortgewaltiger Prediger hatte sich schon bis dorthin verbreitet. Deshalb versammelten sich viele Menschen, die ihn unbedingt sehen und hören wollten und streuten Palmzweige auf seinen Weg. Dabei jubelten sie lauthals und riefen: Hosianna! Einige Zeit später jedoch, nachdem Jesus zum Tode verurteilt worden war, da riefen sie ebenso laut: Kreuziget ihn! – Seht ihr, so wankelmütig sind die Menschen. Da lobe ich mir uns Esel."

Zweifelhafte Berühmtheit

„Zu einer zweifelhaften Berühmtheit haben es dagegen im Volksmund leider einige männliche Esel gebracht. Zum Beispiel gab es da einen Esel in Galiläa, dem es bei seinem Herrn offenbar viel zu gut ging. Als es ihm allzu wohl wurde, wollte er unbedingt auf dem Eis des zugefrorenen Sees Genezareth tanzen. Eine ausgesprochene Eselei, denn bei seiner Herumhopserei rutschte er aus und brach sich ein Bein. Daraus entstand das Sprichwort: „Übermut tut selten gut!""

Ein anderer Esel aus unserer Ahnenreihe war stets so zögerlich, dass er sich selten für oder gegen etwas entscheiden konnte. Dadurch schaffte er es sogar, in eine Parabel des Philosophen Buridan aufgenommen zu werden. Dort diente er als abschreckendes Beispiel für Entscheidungsscheue. Denn er sollte einmal zwischen zwei gleich großen und gleich entfernten Heubündeln gestanden haben und konnte sich nicht entscheiden, bei welchem er mit Fressen anfangen sollte. Und was geschah dann? – Na, was wohl? Er ist verhungert."

Ein wunderbares Erlebnis

Da lachten die Eselskinder, die ihm die ganze Zeit aufmerksam zugehört hatten. Eines von ihnen fragte ihn: „Jetzt haben wir so viel von allen möglichen berühmten Eseln gehört, aber was ist mit dir? Gehörst du denn auch dazu?"

Schmunzelnd sah das uralte Eselchen in die Runde und sagte: „Nun ja, ich bin zwar kein Held und habe auch nie etwas Besonders geleistet. Aber dafür habe ich etwas wirklich Einmaliges erlebt. Als ganz junges Eselchen stand ich zusammen mit einem alten Ochsen hier in diesem Stall, rein zufällig an dem Tag, als Josef und Maria vergeblich drüben in Bethlehem eine Unterkunft suchten.

Gegen Abend kamen sie hier herein und breiteten ihre Habseligkeiten neben uns aus. Und auf einmal wurde ich Zeuge, als Maria ihr Baby zur Welt brachte: Sie wickelte es in ein Tuch und legte es in meine Futterkrippe. Stellt euch das vor: das Jesuskind in meiner Krippe. Das war ein so wundervolles Erlebnis, das ich es mein Leben lang nicht vergessen werde."

Bei dieser Erinnerung kamen ihm die Tränen, und er lächelte glücklich. In dem Moment schloss er für immer die Augen. Und ihm erschien ein Engel, der zu ihm sprach: „Deine Zeit ist gekommen, du darfst heimkehren zu deinen Ahnen. Und weil du dabei warst, als unser Herr Jesus auf die Welt gekommen ist, dafür wurde für dich im Himmel ein Platz reserviert. Ich werde dich jetzt ins Paradies geleiten, wo deine frühere Krippe für dich bereit steht, die stets mit frischem Heu gefüllt sein wird. Damit es dir wohl ergehe und du niemals mehr zu darben brauchst, bis in alle Ewigkeit – Amen!"

So, das war die Legende vom klugen Eselchen. Und sollten Sie eines Tages in den Himmel kommen – was wir doch sehr hoffen wollen –, dann können Sie den Glückseligen auch gerne mal an seiner Krippe besuchen und sich davon überzeugen, dass es ihm gut geht. Vielleicht erzählen Sie ihm bei dieser Gelegenheit auch mal, welche Eseleien Sie sich in Ihrem Leben schon geleistet haben. Das wird ihn bestimmt erfreuen.

Die Offenbarung des Johannes

Zu den gruseligsten Themen in der Bibel gehört zweifellos die „Offenbarung des Johannes". Darin beschreibt der Apostel unter anderem Schreckensvisionen vom Ende der Welt. Fürchterliche Szenen beim „Jüngsten Gericht", wenn die Welt untergehen wird: am „Jüngsten Tag" – die so genannte „Apokalypse".

„Heulen und Zähneklappern werden herrschen", lautet die Prophezeiung, „denn es kommen angebraust stürmische Orkane, verheerende Wirbelstürme und ungeheure Regenmassen werden herabstürzen." Na und? Werden Sie sagen, so ein Sauwetter haben wir schon öfter gehabt.

Weiter heißt es: „ … danach bricht die Erde auf, Steine regnen herab und Feuer fällt vom Himmel …" Das kommt uns sehr bekannt vor, sagen die Älteren, das haben wir alles schon mal erlebt, im Krieg bei den Bombenangriffen.

Und die jüngeren Leute? Die lachen darüber, denn sie sind heute ganz andere Horror-Szenarien gewöhnt. Die sagen: „Was soll denn das sein? Der Jüngste Tag? Das gab's doch schon mal. Aber sicher … im Kino." Gewiss, Katastrophenfilme, die gehören mittlerweile zum Alltag, sogar in 3 D: „Düster, Deier und Doof".

Zugegeben, im Augenblick scheint der Weltuntergang kein akutes Problem zu sein. Noch nicht! Aber mittlerweile sind wir in der Realität von einer ganzen Fülle tödlicher Gefahren umgeben: Es gibt Tausende von Kernkraftwerken, darunter sehr viele Schrottreaktoren. Viele Staaten sind mit Atomraketen bewaffnet, die unsere Erde sogar mehrfach vernichten können – mehrfach! Obwohl doch jeder vernünftige Mensch weiß: Einmal würde völlig genügen – oder?

Aber leider sind meist die Unvernünftigen an der Regierung. Und die laden uns alle ein: zum „Tanz auf dem Vulkan". Und zwar mit dem modernsten Tanz unserer Zeit, das ist der „Apokalypso". Ich weiß, das klingt zwar äußerst furchterregend. Aber nur keine Angst – das ist es auch.

Wir tanzen Apokalypso

Wir tanzen Apokalypso
Im Rhythmus
Tipi-tipi-tipso
Und hören auf zu denken
Das können wir uns schenken.
Im Rhythmus eo ipso
Apokalypso – Apokalypso.

Drohende Propheten
Tödliche Raketen
Stramme Generäle
Spielen Krieg im Saale
Vereidigung
Verteidigung
Millionen für Kanonen
Patronen und Neutronen

Hier ein Schalter
Da ein Schalter
Für die Profi-Kriegsverwalter
Spielen mit dem Grauen
Fordern Gottvertrauen
Und wir?

Wir tanzen Apokalypso
Im Rhythmus
Tipi-tipi-tipso
Und schließen unsre Augen
Die sowieso nichts taugen
Im Rhythmus eo ipso
Apokalypso – Apokalypso.

Aber was kann man tun gegen die drohende Katastrophe? –
Ganz klar: äääh ... keine Ahnung! Wahrscheinlich das, was die
meisten tun:
„Wir machen beide Augen zu – und spielen alle Blindekuh.“
Wie bitte? – Was soll das sein? Eine Strafe des Geschicks? –
Na und?
„Ich heiß' Hase – und weiß von nix!“
Ich kann mir gut vorstellen, wie die Menschen reagieren
würden, wenn es eines Tages heißt: „Hallo! Aufwachen! Die
Apokalypse steht vor der Tür.“ Einige werden rufen: „Wolle
mer se eroi losse?“ Andere setzen sich ins Auto, fahren panikar-
tig weg und bums – bleiben sie stecken in einem Riesen-Stau.
Wieder andere essen alle Vorräte aus dem Kühlschrank auf
und trinken alle Flaschen leer – nach dem Motto: „Ob Bier, ob
Woi, ob Sekt, ob Sprit – egal, es wird enoi geschütt!“
Prominente Persönlichkeiten, Millionäre und andere Steuer-
hinterzieher veranstalten schnell noch mal ein „Wohlätigkeits-
Essen“ ... zu Gunsten der Hungernden in der Dritten Welt.

Überall wird noch mal gefeiert, auf Teufel komm raus. Bis es aus dem Radio ertönt: „Es ist so weit. Der jüngste Tag ist angebrochen. Bitte alle umgehend aufstellen … zum letzten Tanz … und alle singen mit!"

Wir tanzen Apokalypso
Im Rhythmus
Tipi-tipi-tipso
Und schließen unsre Augen
Die sowieso nichts taugen
Im Rhythmus eo ipso
Apokalypso – Apokalypso.

Rotes Telefon
Kernkraftmunition
Nationalprobleme
Tödliche Systeme
Devise prompt
Die Krise kommt
Granaten auf die Staaten
Für Menschen Tod auf Raten

Nur ein Knopf
Ein Druck
Ein Schrei
Und mit dem Leben
Ist's vorbei

Es gefriert die Zeit
Bis in Ewigkeit
Und wir?

Wir tanzen Apokalypso
Im Rhythmus
Tipi-tipi-tipso
Auf brodelnden Vulkanen
Verfluchen unsre Ahnen
Im Rhythmus eo ipso
Apokalypso ...
Apokaly ...
Apoka ...
Apo ...
A ...

Achtung, Achtung! Eine Durchsage: Alle Häuser sind umgehend zu räumen ... Türen und Fenster schließen ... die Friedhöfe sind durchgehend geöffnet ... um persönliches Erscheinen wird gebeten.

Aber bitte nicht drängeln ... es kommt garantiert jeder dran. – Ach so, ja ... auf keinen Fall vergessen: Telefon abmelden ... Zeitung abbestellen ... und das Wichtigste: Der Letzte macht dann – bitte schön – das Licht aus. Vielen Dank!

Eine zeitgeistliche Weihnachtsgeschichte

Die wohl schönste Erzählung in der Bibel ist sicher die Weihnachtsgeschichte aus dem Lukas-Evangelium. Alljährlich zu gegebener Zeit wird sie vorgelesen, aber nicht nur in unseren Kirchen, nein, auch im Radio und im Fernsehen. Dabei ist diese Geschichte allgemein so bekannt, eigentlich nichts Neues und wird dennoch alljährlich wiederholt. Aber das sind wir ja gewohnt ... im Fernsehen.

Die Frage ist nur: Entspricht dieser Text mit der „frohen Botschaft", verkündet durch einen Engel, auch heute noch dem vielzitierten „Zeitgeist"? Mit der Forderung: „Friede auf Erden" ... naja ... theoretisch sicher ... aber in der Praxis? Und den Menschen ein „Wohlgefallen"? – Was würde denn den Menschen heute „wohl gefallen"? – Eine günstige Internet-Flatrate? – Ein preiswertes Smartphone? – Auf jeden Fall aber bestimmt ein „geiles Schnäppchen!

Wenn ich mir nur mal vorstelle – und ich kann mir allerhand vorstellen – in der alljährlich gefürchteten, vorweihnachtlichen hektischen Betriebsamkeit, wie würden die Menschen da wohl reagieren auf diese „frohe Botschaft eines Engels"? – Wie würde sich das dann anhören ... so eine „zeitgeistliche" Weihnachtsgeschichte?

Friede auf Erden

Ort: eine Altbauwohnung in Mainz
Zeit: Mittags am Heiligabend
Personen: ein miesepetriger Rentner im Zimmer
und ein geheimnisvoller Besucher vorm Haus.
(Jemand klopft an die Haustür. Aus der Wohnung hört man lautes Rufen.)

Lisbeth! – Geh doch emal enunner an die Tür. Es hat gekloppt.

(Nach einer Weile klopft es erneut.)

Lisbeth! – Haste was mit de Ohrn? Liiiiisbeth! – Ach so, die is ja garnit da, die is in die Stadt, die ganze Christkinnscher oikaafe … fer die buckelisch Verwandtschaft.

(Es klopft noch mal.)

Ja, ja … is ja schon gut! Bloß kää Hektik! So arich werd's schun nit pressiern! Um alles muss mer sich abber aach selberster kümmern in dem Haus, sogar selbst es Fenster uffmache.

(Er öffnet das Fenster und ruft nach unten.)

Was is denn da unne los? Also, ääns sag ich Ihne gleich: Mir spende nix! Ich hab schun genuch Kerchesteier bezahlt … bevor mir ausgetrete sinn.

(Eine zarte Stimme ist zu hören.)

Wie? Was wolle Sie? – „Eine große Freude verkünden … die allen Menschen zuteil werden soll"? – Sie habbe vielleicht Nerve! Ausgerechent an Heiligabend, da mache Sie Werbung. Also, in Ihne Ihrm komische Uffzuch da, in dem lange weiße Nachthemd und mit dene Flügel hinne dran … unn dann aach noch so en welke Palmwedel in de Hand, da mache Sie sicher Reklame fer em Aldi soi Weihnachtsabteilung, odder? Ei, ich tät mich was schäme! Das is doch die reinste Blaas … Blaasfemie!

(Erneut vernimmt man die Stimme.)

Was is? – „Ehre sei Gott in der Höhe?" Das is ja die Höhe! Hätt ich mir's doch gleich denke könne: Sie sinn sicher en Vertreter von so ener obskuren Sekte … vom Jehova soine Zeuche, hä? Odder vun dene Bap … Bap … Baptiste. – Oder von dene Gurus … mit ihrm Backwahn. – Sie, da habbe Se abber Pech: Ich bin Christ, jawoll, allerdings mittlerweile sozusage im Ruhestand.

(Wiederum ist die Stimme zu hören.)

Wie? Wer is uns geborn? – „Der Retter"? Ach was! Hochinteressant! Rette will uns ääner. Unn wie will er des mache, hä? Wie? „Die Mächtigen vom Thron stürzen…" Ja, is der denn noch zu rette? „…und die Niedrigen erhöhen!" – Des aach noch! Ein Anarcho-Anarchist! – Nä, nä, dademit will ich nix zu tue habbe, mit so eme terroristische Revoluzzer.

(Die Stimme klingt jetzt etwas verzagt.)

Wie bitte? Was soll denn das heiße? – „Friede auf Erden"? Ach so! Sie sinn sicher ääner vun dene weltfremde Pazifiste. Wolle Sie vielleicht Arbeitsplätz vernichte, auch noch in de Rüstungsindustrie? Ich weiß aach, dass es immer noch viel zu viel Waffe gibt. Abber nit hier bei uns in Deitschland. Mir habbe längst es meiste verkauft … in die dritte Welt. Abber immer gerecht … und alles christlich geteilt: an die Araber es Giftgas unn an die Israelis die Gasmaske.

Alla, dann will ich Sie nit länger uffhalte, weil: im Fernsehe kimmt jetzt gleich eine hochinteressante Informationssendung: „Wir warten aufs Christkind". Also, nix fer ungut … unn en scheene Gruß an Ihne Ihrn Chef. Sage Se ihm: Er sollt sich was Besseres ausdenke, denn mit so altmodische Sprüch, da kann mer heit werklich kään Deibel mehr hinnerm Ofe hervorlocke. – Obwohl: Was hääßt da: Ofe?

Der moderne Mensch hot schun längst Zentralheizung, liegt uff de Couch unn guckt sich Weihnachte im Fernsehe an.

(Die Stimme klingt jetzt sehr resigniert.)

Wie? Was wolle Se denn jetzt noch? – „Und den Menschen ein Wohlgefallen?"

Gut … zum Wohl! So was lass ich mer immer gefalle. Prost! – Unn adschee aach!

(Er knallt das Fenster zu. Man hört ihn im Zimmer schimpfen.)

Es gibt abber aach Spinner. Ziehe bei dere Kält im Freie rum, kloppe die dollste Sprüch, abber keine Ahnung habbe se, keinerlei Ahnung … vom eigentliche Sinn des Weihnachtsfestes.

Es Woihnachsfest

Leis erklingt e Glöckche foi,
die Familie geht enoi
in die gut Stubb zur Bescherung,
feierlich unn voll Verehrung.

Es is da – das „Fest des Jahres",
is des nit was Wunderbares?
„Tradition" nennt mer als Grund:
weihevoll sollt soi die Stund.

Alles steht sehr ernst unn stumm
um es Christbäämche erum,
unn die Kinnercher im Chor
trage brav Gedichtcher vor.

Beide Omas sinn begeistert,
wie die Klääne des gemeistert.
Dann die Größere probiern
woihnachtlich zu musiziern.

Himmelhoch die Stimmung steicht
blockgeflötet und gegeicht,
Vadder ans Klavier sich schwingt,
herzergreifend alles singt.

Dann en Ruf: „Es werd beschert!"
Plötzlich klingt des Lied verkehrt,
drum wird's ganz diskret gekerzt,
jeder uff soi Päckche sterzt.

Schnürn werrn ääfach dorchgebisse,
Buntpapier kaputt gerisse,
Kartons uff de Bodden falle,
Jubelrufe laut erschalle.

„Nää, wie goldisch! – Was zum Lese!
Nötich wär des nit gewese!"
„Derf ich dir moi Päckche reiche?"
„Aach e Buch? – Sogar es Gleiche!"

Es geht zu so wie im Lebe:
Wer was krieht, muss aach was gebe,
unn mer fragt – für'n Fall des Falles:
„Noch was? – Odder war des alles?"

Da ... die Tür geht uff, wie foi,
denn die Hausfraa kimmt eroi:
knusprich glänzend, voller Fett
strahlt die Gans ... uff dem Tablett.

Schnellstens wird des Vieh verzehrt,
e paar Fläschjer Woi geleert,
unn en Nachtisch noch dezu
unn drei Schnäpsjer – dann is Ruh.

Reste werrn all abgeräumt,
satter Vadder rülpst verträumt.
Omas nicke: „Des war foi!"
Nicke mehrmols ... schlofe oi.

Mamma in de Küsch wischt trocke,
Kinner vor de Glotzkist hocke,
Interessantes sieht mer da:
„Christmas – made in USA!"

Ständich schalt en annern um,
so krieht mer de Abend rum.
Unn mer hört: „'s war widder nett!"
Dann verschwinde all ... im Bett.

Einsam bleibt zurück im Raum:
es Krippche unn de Weihnachtsbaum.
Kääner hat aach nor gedacht
an den Sinn der heil'gen Nacht.

Unn es Christkindche im Stalle,
Josef unn Maria, alle
zu gern emol wisse wolle:
Was sie eichentlich hier solle?

Warum wir Weihnachten feiern

Ich finde es immer amüsant zu lesen, was Kinder so alles schreiben in ihren Schulaufsätzen. Ohne Hemmungen formulieren sie munter, locker und fantasievoll drauf los. Neulich fand ich beim Aufräumen so einen Aufsatz von einem unserer Enkelkinder über das Thema: „Warum wir Weihnachten feiern."

Eine schöne Bescherung

Eines Tages sagte der römische Kaiser August: „Ich brauche mal wieder Geld." Und das wollte er wie üblich seinem Volk abknöpfen. Da er aber nicht wusste, wie viele Leute es in seinem Reich gab, befahl er das Volk zu zählen, damit er genau erfuhr, wen er alles schröpfen konnte.

Deshalb mussten alle Leute sich in ihrem Geburtsort melden, damit sich auch keiner drücken konnte. Das tat auch ein gewisser Herr Josef. Der hatte eine Schreinerwerkstatt in Lazarett. Und der musste nach Bettelheem, wo seine Familie wohnte, die ihn dort geboren hatte.

Nach einer langen Reise erreichten sie mitten in der Nacht Bettelheem: Josef, sein Esel und Maria, seine Verlobte, die schwanger war, was ihn aber offenbar nicht störte. Josef ging zu Fuß, und Maria saß auf ihm (auf dem Esel). Durch die Volkszählung war dort ein Mordsbetrieb gewesen, so wie bei uns am Rosenmontag.

Deshalb hatten die Hotels alle zu oder waren ausverkauft. Also mussten sie raus aus der Stadt aufs Land. Dort fanden sie einen Stall, wo keiner drin wohnte, außer einem Ochs und einem Schaf. Der Esel stellte sich neben die beiden. Josef und Maria jedoch nicht. Die legten sich lieber ins Stroh. Plötzlich kam das Jesuskind auf die Welt, ausgerechnet an Heiligabend. Daher rief Josef ganz erschrocken: „Das ist aber eine schöne Bescherung."

Maria wickelte das Baby in eine Windel und legte es in einen Futtertrog. Auf einmal wurde es ganz hell, obwohl keiner das Licht angeknipst hatte, das es dort auch noch gar nicht gab. Schuld daran war ein strahlender Stern. Der leuchtete in den Stall hinein, damit wer zu Besuch kam, auch alles gut sehen konnte.

Draußen war eine große Wiese. Dort hockten ein paar Hirten rum mit einem Haufen Schafe. Und die passten auf, dass sie nicht geklaut wurden oder dass sie vom Wolf gefressen werden. Also nicht die Hirten – die Schafe. Doch statt einem Wolf kam ein Engel herabgeschwebt. Der landete auf der Wiese und teilte ihnen mit, dass sie sich nicht fürchten sollten. Wenn sie in den Stall da drüben gingen, dann würden sie das Christkind sehen, das dort liegt, um allen Menschen wohl zu gefallen.

Als die Hirten neugierig dorthin gelaufen waren, kam noch mehr Besuch. Es erschienen drei Kamele. Da saßen sehr vornehme Herren drauf – auf jedem Kamel einer. Und die behaupteten, sie seien weiße Könige, obwohl einer von ihnen schwarz war. Und weil grad Bescherabend war, brachten sie auch einen Haufen Geschenke fürs Baby mit und zwar Gold, Weißkraut und Möhren.

Aber sie blieben nicht lange, denn im Stall war es viel zu eng geworden. Drum gingen sie auch schnell wieder heim. Deshalb nannte man sie seitdem „die eiligen drei Könige". Und weil das alles ausgerechnet am 24. Dezember geschah, ist das der Grund dafür, warum wir seitdem Weihnachten feiern. Mehr fällt mir dazu nicht ein.

Unter den Aufsatz hatte der Lehrer mit roter Tinte notiert: „Sehr ungewöhnlich! – Stellenweise recht originell, aber meistens nur albern. Insgesamt dem Thema nicht angemessen. Sag das Deinem Opa!"

Mittelalterliche Handschrift entdeckt

Etwas habe ich allerdings vermisst in der Weihnachtsgeschichte der Bibel: Wohin sind diese drei Könige nach ihrem
Besuch in Bethlehem gegangen? – Und was haben sie dabei
erlebt? – Wo sind sie verblieben? – Erst im späten Mittelalter
tauchte eine alte Handschrift auf: eine Ballade über dieses Thema, die anscheinend verfasst wurde von einem unbekannten
Wandermönch – offenbar ein „ambulanter Bernhardiner".

Seltsame Wanderer

Es war einmal – die Geschichte ist wahr –
ein Kaspar, ein Melchior, ein Balthasar.
Von Bethlehem wollten sie, frei von den Gaben,
die sie dem Kindlein gegeben haben,
zu Fuß in ihre drei Reiche heimgehen,
so bald wie möglich, das kann man verstehen.
– die heiligen drei Könige.

Ihr Weg führte sie über Täler und Berge,
und einmal sogar in ein Reich voller Zwerge.
Da fragt so ein Gnom sie: „Darf ich mit euch ein Stück?
Begleite euch gerne und bring Euch auch Glück!
Man nennt mich den kleinen Narren, ihr Herrn!"
Er vertrieb ihnen die Zeit und unterhielt sie auch gern:
– die heiligen drei Könige.

So zogen die vier durch die Lande einher.
Man liebte die Späße des Zwerg-Narren sehr,
und lachte sich durch die Städte und Straßen,
bis sie ihren Heimweg allmählich … vergaßen
– die heiligen drei Könige.

Man hat sie zuletzt in Moguntia gesehn,
da wollten sie in Richtung Amsterdam gehn.
Doch leider kamen sie nicht mehr so weit,
sie blieben verschollen … seit jener Zeit.

Ohnehin sahen nur wönige,
die vier heiligen drei Könige.
Was soll man tun?
Sie mögen ruhn
mit ihren seltsamen Namen,
bis zum nächsten Mal.
Amen.

Aktuelle Anmerkung
In Köln wird behauptet:
Es lägen im Dom
die Knochen von denen,
geliefert aus Rom.
Jedoch nur von dreien.
Das führt zu dem Schluss,
dass der Vierte, der Narr,
hier in Mainz liegen muss!

Predigen im Dialekt

Bekanntlich befinden sich die christlichen Kirchen in einer gefährlichen Krise. Nicht so sehr was ihr Vermögen betrifft, davon ist noch überreichlich vorhanden, wie man mittlerweile weiß. Aber ihr Vermögen auf die Menschen attraktiv genug zu wirken, um sie dauerhaft an sich zu binden, das ist nicht mehr so einfach wie früher. Immer mehr ihrer Mitglieder wollen nichts mehr von Kirche wissen.

Gegen diesen Trend sollten die Kleriker mal ganz energisch was unternehmen, um ihre Kundschaft bei der Stange zu halten. Vor allem müssten Sie sich in ihren Predigten etwas normaler, verständlicher ausdrücken, und das bedeutet: mehr in der Sprache des Volkes zu reden, zum Beispiel mal mit einer Predigt im Dialekt.

Natürlich muss man sehr darauf achten, dass es dann auch jeder Zuhörer versteht. Denn es gibt ja überall „Zugezogene", oder wie man in Mainz sagt: „auswärtse Leut". Das sind solche, „die wo kää richtisch Deitsch babbele könne". Oder bibelgerechter ausgedrückt: „Menschen, die nicht von dieser Welt" sind.

Und für die sollte man besonders schwierige Dialektausdrücke während der Predigt sofort ins Hochdeutsche übersetzen – quasi „audio-simultan".

Die Hochzeit von Kana

Liebe Diözesanen, liebe Pfarrgemeinde! Liebe Brüder und Schwestern! Liebe Eingeborene, aber auch, im wahrsten Sinne des Wortes: liebe Messfremde – Anderswoherige! Liebe Christen und Christinnen!

Heit möchte ich euch emal die Geschicht verzähle vun dere berühmte Hochzeit von Kana, aus em Johannes-Evangelium, Kapitel 2, Vers 1 bis 12.

E schee Hochzeit war schun immer e gut Gelechenheit gewese fer all die Schnorrer, Schmarotzer, staabische Brieder, sich uff annern Leit's Koste mal so richtig de Wanst vollzuschlage unn sich die Huck vollzusaufe. Ja, wir Pfarrer kenne des alles, aus eigener Erfahrung.

Und so geschah es auch dereinst vor langer Zeit in Galiläa, da wurd so e Hochzeit gefeiert und zwar in Kana. Des is so e klää Kaff, ganz in de Näh von Nazareth. Und dort war alles versammelt, was Rang und Name hatt, also die ganz örtlich Hott-Vollee. Auch unser Herr Jesus war eingelade, soi Mudder unn soi Jünger – also die Evangeliumsprominenz. Die warn zufällig zwei Tag vorher schon in dere Gegend gewese, und am dritte Tag sinn se da all hie gemacht.

De Bräutigam als Gastgeber war ganz stolz da druff gewese, hat sich in die Brust geschmisse, wie en Spatz in die Kniddele – wie ein Sperling in die Roßäpfel. Abber in Werklichkeit hat wahrscheinlich dem soin Vadder den ganze Kram bezahle müsse. Offenbar en sehr reiche Kerl, der sich's leiste konnt, so viel Gäst einzulade. Und der hatt auch en Haufe Dienstpersonal gehabt, von dene de Obberste zuständig war für die Verpflegung unn für de Nachschub: so e Art „Obbermatschores" – der Hauptzuständige.

Leut aus sämtliche Nachbarorte warn dort zusamme komme, aber nit nur die näher Verwandtschaft, nein, auch anständige Gäst, von weit außerhalb. Und die habbe all schwer ääner druffgemacht … unn gefuttert … unn geschlemmt … unn schnabuliert … unn getrunke … uff Deibel komm eraus – auf Satans Erscheinen.

Es gab aach en gute Woi, obwohl, was heißt gut? Des war mehr so en voll Dorchgegorene für Diabetiker, so en richtige Schütteler, en geschweffelte Sauerampfer, Marke „Bahndamm Nordlage".

Abber dene Gäst hat des nix ausgemacht, die habbe geschluckt wie die Ente. Nix wie enoi demit, obwohl's ihne sämtliche Löcher in de Socke zusammegezoge hatt. Es is ja auch klar: Wenn's nix kost, dann trinke die Leit alles.

Abber dieser ausgekochte Obermatschores, des muß so en richtige Pennigsfuchser gewese soi, so e Truckebrootche – ein geiziger Mensch. Der hat nämlich nit genug Woi besorgt. Sicher hat er sich gedacht: Die Leit solle mehr Wasser saufe, des is viel gesünder und vor allem billiger. Abber die Leit habbe sich gesagt: Was soll's? So en schlechte Woi, der muss ääfach eweg.

Und so kam's, wie's komme musst: Um zehn Uhr schon, da war de Woi all, nix mehr da. Die Mudder von unserm Herrn Jesus, die hat des alles genau beobacht. Die hat auch nur e ganz klää Schlückche von dem Woi getrunke, offebar hat se den Woi gekennt. Und da hat se zu ihrm Sohn gesagt: „Du, Bub, guck emal! Ich glaab als, de Woi is all. Kannste da nit was mache?"

Aber er hat nur de Kopp geschüttelt und gemeint: „Wart doch erst emal ab! Vielleicht habbe die Leut bald genug von dere sauer Brüh und wolle garnix mehr trinke." Von wege! Mittlerweile war de Deibel los, en Mordsspektakel. Die Gäst habbe geschennt wie die Rohrspatze: „Was issen des für'n Lade hier? Will mer uns hier all verdorschte losse? Da macht ääm ja die ganz Hochzeit kään Spaß."

Die arme Diener warn ganz neber de Kapp – abseits der Mütze, nervös. Die sinn beschwichtigend erumgerennt wie narrische Hinkel – nerotisches Geflügel. Da hat unsern Herr

Jesus Mitleid kriegt und hat heimlich zu ihne gesagt: „Kommt emal her! Lasst Eich nit verrickt mache! Da hinne in de Eck stehn sechs große Fässer, die macht Ihr jetzt emal all voll mit Wasser. Abber e bisje dalli-dalli, allez-hopp!"

Und da sinn se eifrig hingewetzt, die Fässer geschnappt, zum Wasserkrane getrage und bis zum Rand vollaufe losse. E Mordsarbeit, denn immerhin warn des insgesamt sechs mal hundert Liter. Dann habbe se die all beigeschleppt und gefragt: „Und jetzt, Meister?" – „Und jetzt ... und jetzt", hat unsern Herr Jesus ungeduldig gesagt, „Ihr seid mir vielleicht e paar Tranfunzele – Öllämpchen. Jetzt schenkt dene arme Leit da endlich emal was oi, sonst haue die uns am End noch ab ... in die nächst Wertschaft."

Dene Diener sinn bald die Aage aus em Kopp gefalle, sooo Dotzklicker habbe se kriegt – Quellaugen, wie en Frosch mit Blähunge. Unn sie habbe gejammert: „Ei, des könne mer doch nit mache. De Leit Wasser oischenke. Die meine vielleicht, mir wollte se vergifte. Des geht doch nit. Abber wenn Sie määne, na gut, uff Ihne Ihr Verantwortung."

Abber da is der Obbermatschores angerennt komme und hat gesagt: „Moment emal! Des muß ich erst emal probiern." Hat sich e Glas geschnappt, ins Fass gedunkt, vollgemacht, misstrauisch geschnuppert, dann ganz vorsichtig probiert, unn da war er abber baff – verblüfft. Aus dem labberische Wasser war tatsächlich de beste Woi worrn. Abber diesmal en ganz super-edle Troppe, so en richtige Maultapezierer, die reinste Trockenbeeren-Frostschutz-Auslese.

Und der hat geschmeckt, als hätt ääm e Engelche uff die Zung gepieselt, pardong, ein Himmelswesen auf die Ge-schmacksknospen uriniert.

Da konnt der Obermatschores die Welt nit mehr verstehe, unn er hat dem Bräutigam die größe Vorwürf gemacht: „Wa-rum weiß ich dadevon nix? So en edle Troppe, der is ja noch viel zu schad zum Selbertrinke. Von so eim schenkt mer vielleicht ganz am Anfang so e klää bisje was ein, nur um Eindruck zu schinde. Abber danach, wenn die Gäst immer voller werrn, dann genügt doch so en ganz billige Rambass – ungenießbares Gesöff. Und jetz saufe die uns diesen wunderbare Woi eweg. Unn mir habbe doch nur sechshundert Liter dadevon. Wie kammer bloß so verschwenderisch soi."

Die Diener habbe sich ääns gegrinst, weil: Im Gegesatz zu ihrm Chef habbe die ja genau gewußt, wo dieser wunderbare Woi herkomme is. Und sie sinn eifrig erum gewetzt unn habbe de Leut die Gläser vollgeschenkt, abber bis über de Eichstrich, aach selber mal e Schlückche devon probiert. Unn alles hat jubiliert unn sich gefreut ... unn gefeiert ... unn geschluckt habbe se ... bis es ihne bald aus de Ohrn eraus komme is.

Dademit war die Hochzeitsfeier gerettet, die Gäst warn all voll zufridde, die meiste sogar vollgesoffe. Aber mir hätte des alles ja nie erfahrn, wenn de Herr Johannes nit so nüchtern gebliebe wär, und hätt des alles gleich in soim Evangelium notiert. Später isses in die Bibel aufgenomme worrn, unn mir könne des heut jederzeit nachlese.

Übrigens: Zur Erinnerung an diese Wundertat von unserm Herr Jesus wird seitdem diese wundersame Verwandlung von Wasser in Wein alljährlich feierlich nachvollzogen ... von all den frommen Winzern im Lande.

Woran erkennt man einen Pharisäer?

„Am Geschmack!", wird ein Genießer aus Norddeutschland sagen. Denn dort versteht man darunter eine Tasse Kaffee mit einem gehörigen Schuss Rum darin und einer Sahnehaube darüber. Der Legende nach wollte man bei einer Feier im Familienkreis den anwesenden Herrn Pastor nicht schockieren, indem man vor seinen Augen Rum trank. Daher goss man ihn heimlich in den Kaffee. Als der geistliche Herr aus Versehen aus der Tasse seines Tischnachbarn trank, bekam er einen Hustenanfall und rief schockiert aus: „Oh, ihr Pharisäer!"

„Am Verhalten!", wird dagegen ein Bibelkundiger auf diese Frage antworten. Gemeint ist damit zum Beispiel die Heuchelei, wenn einer nach außen hin den Moralapostel spielt und Wasser predigt, selbst aber heimlich Wein trinkt. Aber auch Selbstgerechtigkeit zählt dazu, wie es im Lukas-Evangelium geschildert wird: „Der Pharisäer dankt beim Beten Gott, dass er nicht so ist wie all die anderen Sünder, weil er regelmäßig zur Messe geht und Almosen gibt." Es ist die aufgesetzte Frömmigkeit und vorgeschobene Gesetzestreue, die pharisäerhaftes Verhalten bestimmt.

In unserer Gesellschaft, vor allem in führenden Positionen, findet man häufig Vertreter dieser Spezies. Es gibt sie beispielsweise in der Regierung, in den Parteien, in der Wirtschaft, im Finanz(un)wesen, in den Medien und leider auch in den Kirchen. Davon mal abgesehen, dass es solche Typen auch in der „normalen" Bevölkerung gibt, genießen sie dennoch im einfachen Volk meist hohes Ansehen und Bewunderung. Man beneidet und hofiert sie. Offiziell werden sie – meist von ihresgleichen – überhäuft mit Titeln, Orden und Auszeichnungen.

Ein ehrenwerter Mann

Vermutlich kennt jeder von uns solch einen prominenten Menschen. Nach außen hin zum Beispiel ein durchaus „ehrenwerter" Mann, der sich bereits zu Lebzeiten selbst eine Art „Heiligenschein" aufgesetzt hat, also ein echter „Schein-Heiliger". So einer überlässt nie etwas dem Zufall. Überall hat er seine Finger drin, alles wird von ihm manipuliert und muss perfekt geplant sein.

Dazu zählt demzufolge auch sein protokollgerechtes Ableben – natürlich nicht das biologische, sondern das organisatorische. Selbstverständlich legt er in seiner letzten Verfügung auch alles genau fest: „ *… und sollen bei meiner Trauerfeier auf keinen Fall große Reden gehalten werden. Es genügt eine angemessene Laudatio – von je einem prominenten Vertreter von Bund, Land und Stadt. Die Beisetzung soll in aller Stille erfolgen – mit einem feierlichen Requiem, gespielt vom städtischen Sinfonieorchester. Natürlich alles nur im ganz kleinen Kreis – mit einem Hochamt im Dom.* "

Und wenn so einer dann eines Tages das Zeitliche gesegnet hat – wie man höchst unzutreffend sein Ableben zu bezeichnen pflegt, dann möchte ich gerne diese Trauerrede halten, auf solch einen „ehrenwerten Mann". Dazu soll erklingen das Largo von Händel und am Schluss: ein dreifacher Tusch!

Die angemessene Grabrede

Immer ordentlich, loyal,
für die Staatsmacht: ideal,
beschimpfte Nutten – offiziell,
und ging heimlich … ins Bordell.

Immer sauber und gepflegt,
stets nur von Moral bewegt,
wurd stets nüchtern angetroffen,
war zuhaus … meist vollgesoffen.

Wie man so was rühmen kann?
Welch ein ehrenwerter Mann!

Immer pünktlich, voll Elan,
stets nur seine Pflicht getan,
selbst tat er nie was riskieren,
nur von Andren … profitieren.

Immer ruhig und gefasst,
stets korrekt und angepasst,
war für Gleichstellung der Frau
schlug die Gattin … grün und blau.

Wenn sich's lohnte, ging er ran.
Welch ein ehrenwerter Mann!

Diesen Menschen soll man loben?
Das gebühre ihm – da droben?
Aber auch die breite Masse
unten meint: „Der Mann war klasse!"

Viele sehn als Beispiel an
diesen ehrenwerten Mann
und bewundern ihn gar sehr,
wär'n gewesen gern wie er.

So was ist nicht zu begreifen.
Auf so'n Vorbild sollt' man pfeifen!

Ein letzter Gruß in meinen Namen:
Schande seiner Masche!
Amen.

Suche nach Barmherzigkeit

In der vielzitierten Bergpredigt findet man unter anderem den tröstlichen Satz: „Selig sind die Barmherzigen, denn sie werden Barmherzigkeit erlangen." Der gläubige Katholik kann daher davon ausgehen, dass er in seiner Kirche selbst in schwierigen Situationen mit Barmherzigkeit rechnen kann.

Was aber soll ein biederer Bürger tun, wenn er bei einem familiären Problem im hiesigen Bistum von den maßgeblichen Stellen keine Hilfe erhalten konnte? Dann versucht er halt sich telefonisch in Verbindung zu setzen mit dem Vatikan. Denn dort kann er bestimmt hoffen auf Verständnis und Barmherzigkeit.

Vor sprachlichen Schwierigkeiten fürchtet er sich dabei nicht, denn als echter Määnzer weiß er sich überall verständlich zu machen, weil's ihm vor nix graust. Noch nicht mal vor der vatikanischen Amtssprache „Latein". Denn als früherer Messdiener beherrscht er zumindest eine Art „Määnzer Vilzbach-Latein".

Telefongespräch mit dem Vatikan

Hallo? Wer is da? – Wie? Roma? Komisch! Des kann doch nit soi … ich hab doch Rom gewählt. – Wie? Ach so! Rom is da. Na, prima! Und wer is da … am Apparat? Wera ista … an apparat … do?

Wie bitte? Was kann welcher Vati … kann was? – Ach so … der Vatikan. Genau, den wollt ich. Ego wollto vatikano. Grüß

Gott … Salute Deus! Kann ich bitte mal sprechen den Herrn Papst? De Signore Babba?

Wen? – Nein, nit mein Babba … Ihne Ihrn … de Monsignore Babba … Spontifex maximus. Hä? – Unter was isser? – Aah … unterwegs isser … schon widder? Ei, wann is der denn emal deheim? Is vielleicht sonst noch jemand greifbar von eure ehrwürdige Herrschafte?

Wie? – Hochwürdig? Auch gut! Is keiner da? – Nein? Merkwürdig! Was is? – Ja, natürlich weiß ich, wie spät es is. Aber um die Zeit … da isses halt am billigste. Kennt Ihr des denn nit? Den Mondschein-Tarif … Tarifus luna telekom?

Nein? Mit wem sprech ich denn überhaupt? A qui ego parlamentare? Mit wem? – Aha … mit em Sekretär … vom Heilige Stuhl? Mein Gott, bei euch sinn ja sogar die Möbel fromm … Stuhlus sanctus.

Sage Se mal: Ihr habt doch noch so was … so ein heiliges Möbelstück? – Eine Bank … ja, Banco vatikano. So e Art himmlische Sparkasse … nach der Melodie: „Barkassa saeculum … Reichtum in mein Säckel kumm."

Aber Spaß beiseit … ich hätte da gern mal eine sogenannte Frage: Unser Frollein Enkeltochter … die hatt's bös erwischt … ein bedauerlicher Verkehrsunfall. Der pure Leichtsinn war des gewese. – Wie? Nein, nit im Auto isses passiert … ganz normal im Verkehr … also im Bett.

Wie? – So isses! Ihre Ahnung trügt sie keineswegs: Schwanger isse … nein, nit un-gewillt … un-bepillt.

Was soll des sein? – Ein Segen des Himmels? Habbe Sie eine Ahnung. Des kam von ganz woanders her. Und es Schlimmste is: Die is nit verheirat.

Hallo … sind Sie noch dran? Gell, so was haut eim glatt vom Heilige Stuhl. – Abber es kimmt ja noch viel schlimmer. Jetzt isse auch noch arbeitslos … wenn ich's Ihne sag … gekündigt hat mer ihr … aus moralischen Gründen.

Ja, die war bei de Kerch angestellt ... wie? – Bei de Kerch ... bei der Kersche! Auch noch in der Beratungsstelle für ledige Mütter. Jetzt frag ich Sie: Was soll se nun mache?

Was? – Vertrauen? Auf die Liebe des Herrn? Ei, grad das hat se ja gemacht ... deshalb stecke mer ja mitte drin in dem Schlamassel. Und sonst habbe Sie nix anneres anzubiete?

Was soll se mache? – Beten? Ja, beten is immer gut. Abber ich glaub, in ihrm Zustand hilft des jetzt auch nix mehr. Vor allem unter den Umständen ... Bauchus vollis. Ei, wenn ich's Ihne doch sag ... des hilft nix mehr.

Sage Se mal ... Sie warn wohl noch nie schwanger gewese ... oder? Das is doch widder mal typisch Klerus ...von nix e Ahnung ... unn dann annern auch noch gute Ratschläge gebbe wolle.

Wie? – Heirate soll se? Schnellstens? Na, wunderbar. Welch originelle Idee! Also, dass mir da noch nit draufkomme sinn. Ei, logisch soll se heirate ... sogar dringend ... weil: müsse müsst se ja ... und wolle wollt er ja auch ... aber Sie kann nit könne könne ... weil der nit derfe derf. Hä? – Nicht derfen derf ... nicht dürfen darf.

Was? – Nein, der is nit verheirat ... im Gegeteil: des is unsern Herr Pfarrer.

Hallo ... haaaallo! Sind Sie wieder bei sich? Per se? Deo gratias. Gell ... des sinn Hämmer? Hä? – Hämmäää! Schicksalsschläge ... Hämmeris brutalis.

Aber des ganze Problem wär sehr schnell vom Tisch ... sogar rasend schnell hätte mir Tabula rasa ... wenn Sie als Vatikan persönlich endlich mal die Heiratserlaubnis erteilen täten.

Wem? Wem! – Unserm Kindsvater natürlich ... Pater noster fötus. Wie? – Warum geht des nit? – Wer herrscht bei Euch? Der Zölibat? Hat der mehr zu sage als wie de Herr Papst? – Ach so ... das bedeutet Heiratsverbot ... und Keuchheit? Auch das noch. E bisje viel auf einmal … abber mer kann's ja auch verstehe: in dem seim Alter.

Wie? – Ach so, generell gilt des. Euer Pfarrer dürfe all nit heirate. Ja, untereinander is mir schon klar. Aber es gibt doch noch so was Ähnliches wie Fraue? Falls Sie sich noch dunkel erinnern.

Wie? – Die auch nit? Na, hörn Se mal: mehr Auswahl hat de liebe Gott selbst em Vatikan nit anzubiete. Also, ich find so was ungerecht – Eure Pfarrer einfach die Ehe zu verbiete. Da fragt sich doch mit Recht jeder „langmütige" Ehemann: Womit haben die sich ein solches Privileg verdient?

Sage Se mal: Wenn des alles verbote is … dann empfehlen Sie doch sicher ein Beratungsgespräch … zum Beispiel über einen Schwangerschaftsabbruch? – Oh, Mann … schreie Se mir doch nit so laut ins Ohr! Sie scheine ja e bisje arich schwache Nerve zu habbe. – Arich schwach! Aaaarisch … nit jiddisch … aaarisch!

Wo soll se hingehe? – Zur Beichte? Jetzt, wo's Kind schon in die Gebärmutter gefalle is? Also, mein lieber Herr Geschlechtsgenosse … Bruder in genitalibus.

Was heißt da: vorher das Unheil verhüten. Ei, wie denn? Verhüten! So was empfehle grad Sie … des is ja die reinste Ketzerei. Laut offizieller Aussage von Ihne Ihrer Firma … da is ja schon Verhütung Mord … am ungezeugten Leben.

Und Ihr habt ja nit nur die Pille verbote … nein … auch die Benutzung von diese … äh … Dingsbumsern … Bumsdingern … Präservatores parisiensis. Kenne Sie die nit? Wie? – Ach so! Nur vom Hören-Sagen. Ja, da nutze die aach werklich nit viel.

Doch jetzt emal Spaß beiseit: Is da tatsächlich nix zu mache? – Nein? Die dürfe nit heirate? Noch nit emal in so ener Ausnahmesituation? Also, da bin ich aber sprachlos … Silentium ergo sum.

Unchristlich find ich so was ... und familienfeindlich ... frauen-diskriminierend! Also, ich glaub: Wenn die Männer die Kinder kriege täte, dann hättet Ihr die Pille schon längst zum Grundnahrungsmittel erklärt.

Des arme Wermche ... des kann mer nur bedauern ... is noch nit auf de Welt ... und kann einem jetz schon leid tue. – Wieso? Ei, is doch logisch: Die Mudder muss schaffe gehe ... und das Kind wächst auf ... ohne Vadder ... muss vielleicht in e Heim ... dauernd bei fremde Leut ... und was ist die Folge? Es wird seelisch verkorkst ... neurotisch ... realitätsfremd ... sexuell verklemmt ... belastet mit schweren innerlichen Konflikten.

Mit annern Worte: Des gibt dann emal so en richtige sture Pharisäer ... und was soll aus dem emal werrn? Wie? – Nein, nit Pfarrer. Ach wo! Viel schlimmer: Sekretär im Vatikan.

Arrividerci Roma! So ein Dummschwätzer!

Der Anfang vom Ende

So, allmählich nähern wir uns dem Ende … natürlich nicht dem Ende der Welt, noch nicht, bis dahin haben wir hoffentlich noch etwas Zeit. Nein, ich meine das Ende dieses Buches. Zu Beginn hieß es: „Am Anfang war das Wort". Aber wie es mal am Schluss heißen wird? Das wissen wir nicht. Es war ja fast schon einmal so weit, mit dem Ende allen Lebens. Damals, als Gott die Erde mit gewaltigen Wolkenbrüchen und Tsunamis überschwemmte. Die Älteren werden sich erinnern.

„… und als der Herr sah, dass die Schlechtigkeit der Menschen immer mehr zunahm und dass ihr Verhalten immer bösartiger wurde, beschloss er alles Leben vom Erdboden zu vertilgen und zwar mit einer großen Flut". Doch gnädig machte er eine Ausnahme: Nur die Sippe von Noah durfte sich retten, mit einer paarweise auserwählten Tiersammlung auf einer selbstgebauten Arche, sozusagen ein „schwimmender Zoo". Das hat erstaunlich gut funktioniert. Monate lang hat dieser Holzkasten auf den tosenden Fluten ausgehalten, obwohl die Arche von Laien gebaut wurde. Im Gegensatz zur „Titanic", das waren Profis.

Nach uns die Sintflut

Aber was haben die Menschen aus der Sintflut gelernt? Haben sie sich gebessert? Haben sie aufgehört, sich gegenseitig auszubeuten? Oder Kriege gegeneinander zu führen? Welche Philosophie herrscht heute?

Wie lautet heut das Motto? Das Leben ist wie Lotto.

Die Hauptsach': Man gewinnt gut ... und dann?

Nach uns die Sintflut!

Ja.. das ist offenbar die Devise unserer Zeit: Nach uns die Sintflut! Deshalb sollten Sie in Ihrem Testament unbedingt einen Passus einfügen:

„Im Vollbesitz meiner geistigen Kräfte habe ich mein ganzes Geld ausgegeben ... solang ich noch am Leben war."

Nach uns die Sintflut! Ja, so leben wir.

Nach uns die Sintflut! Ja, so streben wir.

Was danach kommt ... soll uns egal sein,

mag auch die Zukunft eine Qual sein.

Und kriegt die Welt dadurch de Dalles ... na und?

Wir leben jetzt und wollen alles.

Lieber Gott ... gib mir bitte etwas mehr Geduld ... aber sofort!

Die absoluten Pessimisten glauben fest an den baldigen Untergang der Welt ... aber die unverbesserlichen Optimisten, die führen ihn wahrscheinlich herbei.

Aber was sollen wir machen bis dahin? Dem totalen Trübsinn verfallen? Uns das Leben vermiesen lassen? Das wäre grundverkehrt. Da hilft nur der Appell: „Party feiern allerorten, bis hin zu den Ab ... Ab ... aber bis überall hin!"

Und das ist eigentlich auch gut so, wenn die Leute nicht mehr alles so ernst nehmen wie früher. Ja, damals, also ganz früher, da haben die Menschen noch gezittert vor jedem Weltuntergang: „Hiiiiilfe! Die Welt geht unter!"

Heute dagegen, da fragt die feine Dame: „Was zieht man denn an bei so einer Gelegenheit?" Und der Mann sagt: „Die solle doch wenigstens abwarte, bis die Sportschau vorbei is!" Ja, das sieht man heute alles viel lockerer, viel „coolerer": Das kann doch heute keinen mehr erschüttern. Es lebe die Spaßgesellschaft!

Lasset uns singen … tanzen und springen:
Wir versaufen unsrer Oma ihr klein Häusjen
und dann schieben wir sie ab ins Altersheim … jawoll!

Wie bitte? Na, na, na! So was gehört sich doch nicht. Alles zu versaufen? Obwohl:

Ein kluger Mensch, der weiß sehr wohl:
Ein schlimmer Feind ist Alkohol.
Doch in der Bibel steht geschrieben:
Du sollst auch Deine Feinde lieben!

Ja, aber was ist, wenn wirklich mal der Ernstfall eintritt? Also, ich befürchte, dann werden wir von offizieller Seite so etwas Ähnliches hören wie: „Meine Damen und Herren, hier spricht Ihr Flugkapitän. Wir haben da ein kleines Problem … mit unseren ausgefallenen Triebwerken. Aber keine Panik! Ich springe nur schnell mal mit dem Fallschirm ab und hole Hilfe."

Man soll die Hoffnung nie aufgeben. Egal, was noch alles kommen wird, man muss immer positiv denken, immer positiv … bis zum Schluss. Wie damals die Leute auf der „Titanic" oder „Teitännik", wie die Engländer sagen: „Sink positiv!"

In diesem Sinne: Macht's mal gut!
Verliert auf keinen Fall den Mut!
So weit ist's ganz bestimmt noch nicht,
dass uns die Sintflut heut' erwischt."

Ausgerechnet heute? Nein! Das ist wahrscheinlich sehr unwahrscheinlich. Aber wie heißt es so tröstlich? Morgen ist auch noch ein Tag. Na also!

Errare humanum est

Manchmal ist es wirklich zum verzweifeln, wenn man sich den täglichen Wahnsinn betrachtet, den die Menschen auf der Erde anrichten. Aber das haben schon die alten Römer erkannt, als sie feststellten: „Errare humanum est!" Wörtlich recht frei, aber inhaltlich sehr korrekt übersetzt: „Irre ist die Menschheit".

Doch wen stört das schon? Die so genannte „schweigende Mehrheit"? Die ganz bestimmt nicht. „Is mir doch egal! Mir könne sowieso nix ännern. Am beste hält mer sich aus allem eraus. Komm, loss mer doch moi Ruh!" Ja, aber warum wollen denn die meisten ihre Ruh? Wahrscheinlich damit – wenn sie mal gestorben sind – der Unterschied nicht so groß ist.

Ob sich die Menschen eines Tages mal ändern werden ... zum Besseren? Man weiß es nicht. Es wäre ein Wunder. Aber wie heißt es so treffend? Wer nicht an Wunder glaubt, der ist kein Realist. Zuerst muss man natürlich mal glauben, erst dann kann man sich auch wundern. Schon Goethe hat gesagt: „Das Wunder ist des Glaubens liebstes Kind."

Meistens jedoch, da kann man höchstens mal sein blaues Wunder erleben. Doch eines ist sicher, garantiert: Eines Tages, da werden wir alle mal – ohne Ausnahme – dran glauben müssen.

Aber bevor das geschieht, haben wir (vielleicht) noch etwas Zeit. Die Jüngeren mehr, die Älteren weniger. Und diese Zeit sollten wir nutzen. „Carpe diem!" empfahl der römische Dichter Horaz: „Genieße den Tag!" Und das Sie das möglichst noch lange tun können, das wünsche ich Ihnen von Herzen.

Am Anfang war das Wort. Jetzt weiß ich auch, was am Ende steht: ein Punkt.

Bisherige Publikationen

Typisch Bonewitz
– Satiren von B bis Z –
Sketche und Vorträge / Songs und Gedichte
Glossen und Kommentare / Essays über den Autor
240 Seiten mit Fotos + Cartoons
Herausgeber: Reinhard Hippen
Gründer vom „Deutschen Kabarett-Archiv"
Verlag Hermann Schmidt Mainz, 1993
ISBN 3-87439-306-2

Typisch Bonewitz
Ausgewählte Sketche und Songs
aus 20 Jahren Kabarettprogrammen
von & mit Herbert Bonewitz
CD mit 20 Titel
Verlag „merkton" – Wolfgang Zinke, 1993
Bestell-Nr.876 567-907 merkton/Aris
– ausverkauft –

Zwischen allen Stilen
– Kuriose Erlebnisse & lehrreiche Erfahrungen –
120 Seiten mit Fotos + Cartoons
Herausgeber: Mainzer Bibliotheksgesellschaft e.V.
Verlag Edition Erasmus Mainz, 2000
ISBN 3-295131-02-7
– ausverkauft –

Gereimtes Leben
Gedichte und Lieder zwischen Scherz, Satire und Poesie
176 Seiten mit 12 Illustrationen
Druck & Herstellung:
gzm – Grafisches Zentrum Mainz Bödige GmbH
Herausgeber: Michael Bonewitz
Satz & Layout / Verlag & Vertrieb:
Bonewitz Communication GmbH Bodenheim, 2004
ISBN 3-00-014820-5
– ausverkauft –

BoneWitziges Satirikum
mit scharfer Zunge und spitzer Feder
208 Seiten mit zahlreichen Cartoons
Druck & Herstellung:
gzm – Grafisches Zentrum Mainz Bödige GmbH
Satz & Layout / Verlag & Vertrieb:
Bonewitz Communication GmbH Bodenheim, 2006
ISBN 3-00-020244-7
– ausverkauft –

Mein Kabarett-Menü
Pikante Leckerbissen und regionale Spezialitäten
224 Seiten mit zahlreichen Fotos + Cartoons
Druck & Herstellung:
gzm – Grafisches Zentrum Mainz Bödige GmbH
Satz & Layout:
Bonewitz Communication GmbH Bodenheim / Fiona Lenssen
Verlag & Vertrieb:
Bonewitz Communication GmbH Bodenheim, 2008
ISBN 978-3-9811590-3-5

Ein Narr packt aus
Erinnerungen eines Mainzer Urgesteins
344 Seiten mit zahlreichen Fotos + Cartoons
Druck & Herstellung:
gzm – Grafisches Zentrum Mainz Bödige GmbH
Satz & Layout / Verlag & Vertrieb:
Agentur & Verlag Bonewitz, 2010
ISBN 978-3-9813999-1-2

Sehnse, des is Määnzerisch!
von „Aabeemick" bis „Zwerndobsch"
80 Seiten mit zahlreichen Cartoons
Druck und Herstellung
gzm – Grafisches Zentrum Mainz Bödige GmbH
Herausgeber: Michael Bonewitz
Satz & Layout / Verlag & Vertrieb:
Agentur & Verlag Bonewitz, 2011
ISBN 978-3-9813999-2-9

Die Bücher von Herbert Bonewitz können Sie über den online-Shop www.bonewitz.de direkt bestellen.

Inhaltsverzeichnis

Der Autor

… wurde geboren am 9.11.33 in Mainz. Er studierte zunächst Jura und Psychologie, begann dann eine kaufmännische Ausbildung und ein Fernlehrstudium zum Werbeleiter. 25 Jahre lang war Herbert Bonewitz in einem Mainzer Hygienekonzern im Werbe- und PR-Bereich tätig. Seine Hobbys waren Aktivitäten in der Mainzer Fastnacht: zunächst als musikalischer Leiter der Gesangsgruppe „Gonsbach-Lerchen" und danach auch als Redner. Bundesweit bekannt geworden ist er in den 70er und 80er Jahren durch seine satirischen Vorträge in der Fernsehfastnacht.

Ab 1975 trat er neben seinem Beruf im Mainzer Forumtheater „unterhaus" als Kabarettist auf und wechselte 1984 ins Profilager. Seine Tourneen führten ihn durch das gesamte Bundesgebiet. Insgesamt hat er für seine siebzehn Kabarettprogramme nicht nur die Texte geschrieben, sondern auch die Lieder komponiert und die Aufführungen inszeniert.

Im Jahre 2001 verabschiedete er sich endgültig von der Kabarettbühne und ist seitdem tätig als Journalist, Karikaturist und Publizist. Unter anderem hat er den Comic-Band „Asterix und der Kupferkessel" ins Määnzerische übersetzt – unter dem Titel: „Kuddelmuddel ums Kupperdibbe".

Insgesamt hat er einschließlich dieser Publikation acht Bücher geschrieben, von denen sechs im Verlag seines Sohnes Michael erschienen sind. Damit gestaltet er Lesungen – meistens zu Benefiz-Zwecken.

Herbert Bonewitz ist seit nunmehr 56 Jahren verheiratet mit Ehefrau Bärbel, die den organisatorischen Part bei seinen Tourneeauftritten übernommen hatte. Von Tochter Ulrike stammen die Enkeltöchter Eva Maria und Julia, die mit ihrem Christian für zwei Urenkelkinder sorgte: Maya und Jonah. Von Sohn Michael und Schwiegertochter Sabine stammen die Enkelkinder Lukas und Hannah.

Zahlreiche Ehrungen und Auszeichnungen hat Herbert Bonewitz erhalten, darunter von der Stadt Mainz die Rheingoldplakette, die Gutenbergplakette und das Stadtsiegel in Silber sowie die „Gonsenheimer Bürgersäule". Außerdem wurden ihm verliehen: die „unterhaus-Ehrenglocke" und das Bundesverdienstkreuz am Bande. Als bisher einziger Mainzer erhielt er von der Stiftung Deutsches Kabarettarchiv einen „Stern der Satire", platziert vor dem Eingang zum „unterhaus".